· 新经济时代的会计入门

U0681275

如何做好
房地产会计

图解教学——一目了然
图文并茂——直观易学

邱晓林 著

会计理论，清晰实用
会计核算，直观简练
案例分析，简单易懂

经济管理出版社
ECONOMY & MANAGEMENT PUBLISHING HOUSE

前　言

　　房地产是我国的一个新兴产业，改革开放以来，房地产业得到了迅猛发展，对国计民生起着重要作用。为了适应房地产开发事业的蓬勃发展，会计学界一些专家学者致力于研究房地产开发企业财务会计理论与实务。

　　会计是一种经济管理活动，房地产会计作为房地产企业经济管理工作的一个重要组成部分，必须严格贯彻执行国家的财务会计法规。如今，房地产会计人员迫切希望系统地学习房地产会计的理论和方法，为了适应房地产开发企业的发展，我们结合房地产企业的真实情况，运用会计学基本原理和方法，参照财务会计法规来编写。根据《企业会计准则》和我国财政部制定的行业会计制度——《房地产开发企业会计制度》编著了《如何做好房地产会计》。

　　本书合理、全面地介绍了房地产企业会计实务处理的全过程。内容简明扼要，文字通俗易懂，主要业务处理分别设有实例，实用性非常强，便于广大读者自学。所以，本书可以供房地产会计工作者学习和使用，也可以作为学校或各类培训班关于房地产会计的教科书，让读者尽快掌握书中知识，收获最好效果。

　　本书分为十二章，以会计核算为主。第一章是房地产会计概述；第二章至第十章主要讲述房地产业务的核算内容和方法，具有很高的实用价值；第十一章主要讲述房地产财务报告；第十二章是会计法律制度概述。

　　本书在编写过程中体现了如下特色：

　　首先，本书内容全面、务实创新。不仅阐述了房地产会计的基本理论，而且阐述了具体核算方法，内容清晰，便于房地产会计人员学习，也便于房地产企业管理工作人员参考。

其次，本书结构划分合理，重点突出。重点讲述房地产经营活动中的具体核算内容和方法。结构合理，贴近工作实际。

最后，理论联系实际。本书紧密联系房地产开发企业的经营活动，对企业资产、负债、损益及主要经济活动的会计核算进行了全面系统的论述。

在写作过程中，我们参阅了许多会计书籍和与房地产会计有关的知识读物，并参考了大量具有科学依据的文献资料，我们由衷地感谢书籍和文献的作者们。由于我国房地产业的发展时间不长以及写作水平有限，加之本书编写时间仓促，难免存在疏漏和不足之处，敬请读者为本书提出宝贵建议并批评指正，以便我们今后修正。

目　录

第一章　房地产会计概述

第一节　什么是房地产

本节关键词：

房地产的概念、房地产的重要性

本节内容提要：

（1）了解房地产的概念。

（2）了解房地产对社会经济发展的重要性。

（3）了解房地产的发展史。

一、房地产的概念

房地产的概念可以从两个方面解释，房地产既是客观存在的物质形态，又是一项法律权利。

物质形态：房地产是指土地、建筑物和其他土地定向物附带的各种权益。房地产存在的三种形态：土地、建筑物、房地合一。房地产由于位置的固定性和不可移动性，又被称为不动产。

法律权利：房地产实体中各种经济利益形成的各种权利，如所有权、租赁权、使用权等。

房地产行业主要以土地和建筑物为经营对象，一般属于第三产业，是具有基础性、风险性等特征的产业。具体包括国有土地权的出让；征用土地；拆迁安置以及对于旧城区的开发与再开发；房地产的经营中包括土地使用权的转让、抵押以及房屋的买卖等。

既然说到了房地产行业是具有风险性的产业，那么就一定要进行有效的调控与管理。下面总结了几种调控与管理的方法：

（1）建立房产行业市场、信心市场及技术市场、劳务市场等。

（2）建立合理的房产价格体系及房地产法规。

（3）积极实现国家对房地产的宏观调控。

在房地产业中房产可分为房地产投资开发业和房地产服务业。房地产的服务行业又分为房地产咨询及价格评价、房地产经纪的物业管理。其中，房地产经纪归为房地产中介服务业。

房地产行业需要不断地重新配置、建造优美环境以满足社会发展需求的一种活动。而且房产必须要由一些人去推动并管理开发建设、维护。

二、房地产对社会经济发展的重要性

房地产是国民经济必不可少的产业，对经济的发展具有一定的推动作用，拉动钢铁、建材、家居等行业的发展。除此之外，房地产对金融行业的发展同样至关重要。因此，房地产业应与当地经济水平和人民生活水平保持一致。

这就需要房地产业摆正自己的位置，在整个宏观经济发展的基础上，如果把房地产放到一个不合适的位置，很容易产生经济泡沫，为宏观经济埋下隐患，制约经济发展。

（1）房地产业拉动国民经济增长速度。房地产业创造的附加值所占的比例在我国 GDP 中逐年增加，对经济发展所起的作用也十分明显。

（2）房地产带动相关产业迅速发展。房地产与相关产业的产业链相当长，如建筑业、金融保险业、商业、社会服务业等诸多产业。

（3）房地产带动消费总额的增长。房地产可以带动住房消费、生活用品消费及其他消费，同时提高就业率，房地产也是国家财政收入的重要来源之一。

三、房地产的发展史

第一阶段：1978~1991 年。

中共十一届三中全会以后，沉寂几十年的房地产开始复苏，为了使房地产在生产、流通、消费等各个环节有法可依，有据可查，国家加强了对房地产业的法制建设，如 1982 年颁布了《国家建设征用土地条例》、《村镇建房用地管理条例》；1983 年颁布了《城市私有房屋管理条例》、《建筑税征收暂行办法》、《城镇个人建造住宅管理办法》；1984 年颁布了《城市规划条例》、《关于外国人私有房屋管理的若干规定》等条例款项。

从 1981 年开始，在广州、深圳两地就开始试点，进行商品房的开发，试点非常成功，于是开始小范围地展开。1987~1991 年是中国房地产市场的起步阶段。1987 年 11 月 26 日，深圳市政府首次公开招标出让住房用地。1991 年开始，国务院先后批复了 24 个省市的房改总体方案。

第二阶段：1992~1995 年。

1992 年房改全面启动，住房公积金制度全面推行。1992 年后，房地产业急剧增长，造成房地产市场的一度混乱，个别地区发生经济泡沫。1992 年，邓小平视察深圳后，认为开发区尤其是房地产开发的经验值得推广，于是在沿海一带开展，最后形成了严重的房地产泡沫。1993 年底进行宏观调控后，加之银行停止贷款，房地产业受到重创，房地产业投资增长率普遍大幅回落，1993 年下半年到 1998 年上半年，中国的房地产市场十分稳定，没有大的起伏。

第三阶段：1995~2002 年。

1995 年 1 月 1 日起实施的《中华人民共和国城市房地产管理法》，标志着我国房地产业迈进法制管理的新时期。随着 1998 年中国住房制度改革和居民收入水平的提高，住房成为新兴的消费热点，房产投资进入平稳迅速发展时期，房地产成为经济的支柱产业之一。

中国经济的迅速增长和城市化的推动，加速了房地产的发展，房地产市场逐步形成和完善，规模和建筑面积也随之增加。1999~2003 年是中国房地产的增长期，在 2003 年达到高峰，但也暴露出房价过高、结构不合理等缺点，随后在 2004 年实施宏观调控，收紧土地和信贷量方面。

第四阶段：2003 年至今。

2003 年以来，人口数量不断增加，人们收入水平的提高及其他因素导致房屋价格持续上涨，房地产逐渐成为重要的投资对象，由于投资和投机过度，房价脱离经济增长和人民收入水平的增长速度，因此，国家出台多项调控措施规范房地产行业的良性发展。

随着房地产业的兴起，越来越多的人看到商机，加入到房地产投资行列，从而使越来越多的人看到房地产会计的重要性，越发重视房地产会计。

第二节　什么是房地产会计

本节关键词：

房地产会计、房地产会计的作用

本节内容提要：

（1）了解房地产会计的定义。

（2）了解房地产会计的作用。

（3）了解房地产会计的对象及其任务。

一、房地产会计的定义

房地产会计是用来管理房地产业经济活动的一种行业会计。房地产会计与应用于其他特定行业的会计一样，必须运用会计学的基本理论和方法，研究特定行业会计的理论方法，才能进行实际操作。

所以，房地产会计是运用于房地产业的一种行业会计，它运用会计学的基本理论和方法，以货币为基本计量单位，对房地产业的经济活动进行全面、综合、连续、系统的核算和监督。

房地产的特殊性在于，需结合房地产业经营开发的特点，研究房地产在经营管理服务过程中涉及的会计原理和方法。

二、房地产会计的作用

房地产会计在房地产行业中的地位可谓重中之重，那么做好房地产会计的好处有哪些？我们总结为以下三点：

（1）通过房地产会计，能够有效地呈现出房地产在经营过程中发生的各种业务。房地产开发企业一般都是从土地征用开始，到开发建设、销售完成为止，这一系列内容极其复杂，政策性非常强，这就要求我们切实贯彻落实国家政策，不仅要根据政策办事，而且还要明确按照实际市场经济情况进行决策和管理。

（2）通过房地产会计，可以加大对经济情况的管理，并且可以正确核算出各项开发产品成本，促使成本不断降低，以此提高经济效益。在这期间一定要注意严格控制土地征用、及时补偿费用及其他费用的支出。

（3）通过房地产会计，可以加强企业各项财产物资的核算及其管理，并且可以保护企业资产的安全和完整性。正确反映财产物资的收、发、结存等情况，以便做到账证相符、账款相符和账账相符等；但是如果出现浪费和损失等情况，如盗窃、营私舞弊等，必须依法承担法律责任。

三、房地产会计的对象及其任务

前文提到了房产会计的重要性，那么房产会计都有哪些对象和任务？
房地产会计的主要对象是指城市房产建设经营中能够以货币形式呈现出

来的生产经营活动。我们做了以下总结，把房产会计的主要对象做了以下归类。

1. 资产

资产是指房地产开发企业能够拥有或者能够控制的范围内以货币计量的形式来衡量的经济资源。通常，资产可以划分为流动资产、固定资产、递延资产等。

2. 负债

负债是指企业在能够承担的范围之内可以以货币计量的形式来偿还债务。负债可以分为流动负债和长期负债。流动负债又称为短期负债，是指在一年之内（包含一年）的营业周期内所要偿还的债务。而长期负债是在一年或者一年以上的营业周期以上的债务，可分为长期借款、长期应付款等。

3. 所有者权益

所有者权益是指企业董事长及企业投资人对企业净资产的所有权，是企业资产扣除负债后所有者享有的剩余权益，其金额为资产减去负债后的余额。所有者权益发生增减变化的、与所有者投入资本或者向所有者分配利润无关的利得或者损失。我们可以为其做个归纳，以上提到的三点要素都表现为这种平衡关系：资产＝负债＋所有者权益。

4. 收入

收入是指企业在销售商品、提供劳务等日常活动中所形成的经济利益的总流入。收入主要分为主营业务收入和其他业务收入两种。房地产收入的确认应满足营业收入确认的基本原则。

5. 费用

费用是指企业在生产经营过程中发生的一系列消耗费用。费用主要包括直接费用、间接费用和期间费用。

6. 利润

利润是企业在一定时期的经营成果，也是企业经营的最终目的。利润包括营业利润、投资净收益和营业外收支净额。

房地产会计的任务是根据需要和要求来定的，是对房地产开发企业会计对象进行核算和监督所要达到的标准和要求。主要有以下三个方面：

（1）向管理者和投资者提供企业开发经营活动和开发经营成果的会计信息，以便满足国家宏观经济管理的要求和企业投资者进行决策的需要。我国实行的是社会主义市场经济，每个房地产开发企业都必须根据自身的能力，充分利用生产潜力，合理安排房地产开发的任务。

（2）主要是核算和监督财产物资保管、使用情况，不断降低开发成本，节约使用资金。要做到保证财产物资的完整性，做好会计工作可谓重中之重。对于资金的整理，都必须做到及时入账，定期审核。通过会计可以很轻松地了解到开发产品的名次成本以及间接费用，可以采取相关措施减少消耗物资，降低开发成本。

（3）核算和监督企业对财经政策、法令、制度的执行情况，维护财经纪律，保护企业财产的安全、完整性。在房地产企业中，如果我们能够努力做好会计工作，为房地产企业的发展贡献自己微薄的力量，如通过财产清点可以发现有无贪污、盗窃等问题，从而能够保护企业财产的完整。

由于房地产开发企业涉及面广、经营风险大，房地产开发企业的会计工作要做到精益求精，按照国家财务制度的规定，认真编制并严格执行财务的规划及预算。这就需要选择具有一定政治水平、专业、责任心强的会计人员。

第三节　房地产会计的组织机构

本节关键词：

房地产会计的组织机构、房地产会计的相关制度

本节内容提要：

（1）了解房地产会计的组织机构。

（2）了解房地产会计的相关法规和制度。

（3）了解房地产会计工作者。

　　房地产会计的组织机构，指的是房地产行业依法设置专门进行会计工作的组织机构，其中必不可少的是建立完善的规章制度，以及匹配具备会计从业资格及会计工作经验的专业人员，房地产会计组织机构必须按照科学的管理方法，保证会计人员做好本职工作，确保房地产会计工作有章可循，使房地产会计工作顺利进行。

一、房地产会计的组织机构

　　对于房地产而言，房地产会计工作是重要任务。由于房地产会计机构有特殊的独立性职能，同时又与其他各类业务紧密联系，为了完善房地产会计工作，应将会计工作和其他各类业务进行分类，确保房地产会计工作能够顺利、高效率地进行。因此，房地产行业需要设立专门进行房地产会计工作的机构。

　　房地产会计机构的设立，必须与房地产其他部门的工作内容相呼应。由于房地产行业改革以及会计改革不断发展与完善，房地产会计的组织机构应一切从实际出发，根据房地产行业的实际情况设立。

　　从现在状况来看，房地产会计组织机构的设立，不仅应与房地产企业的规模和管理要求相适应，还应帮助会计人员提高工作效率，完善会计工作。

　　对于房地产规模较大、实力雄厚的企业而言，原则上需要设置专门的房地产会计组织机构。而经营规模较小、会计业务量较少的企业，可以根据企业自身情况不设置会计组织机构，但是，专业的会计人员是不可缺少的。

　　此外，房地产会计组织机构需在管理工作人员的领导下，严格按照会计法律法规，工作人员在各自的工作范畴内各司其职，使房地产会计组织机构这个"大家庭"带领各岗位会计工作者发挥各自的优势，将房地产会计组织机构的职责发挥到位。

二、房地产会计的相关法规和制度

为了确保房地产会计工作有条不紊地进行，需要按照特定的法律法规进行工作。《中华人民共和国会计法》是会计行业的法律法规，任何房地产企业都必须依法进行工作。除此之外，房地产会计还应遵循各自企业的规章制度工作。例如，需要遵守《企业会计准则》、《国营建设单位会计制度》、《企业会计制度》、《中华人民共和国会计法》和《具体会计准则》等法律法规。

会计准则主要由基本会计准则和具体会计准则两大部分组成。

（1）基本会计准则主要是针对会计核算的一般要求和主要方面做出科学性规定。我国的《企业会计准则》已经颁布施行，作为基本会计准则，该准则适合房地产行业会计的需要。

（2）具体会计准则是依据基本会计准则对各类经济业务的处理和流程做出的详细规定。随着房地产会计的改革，我国已经陆续试行了几项具体会计准则。相信不久的将来，我国将继续出台具体会计准则，使房地产会计工作进行得更加顺利。

会计制度则是对房地产会计工作所应遵循的原则、方式和程序的具体概括，使房地产会计工作更加规范。

会计制度适用于依法在中国境内经营的房地产，无论其规模大小。此外，根据房地产行业管理的要求，各企业也可以制定专门规范会计工作的相关制度，使房地产会计组织机构严格规范自身行为，促使会计工作合理进行。

三、房地产会计工作者

房地产会计工作人员的管理能力以及工作情况，对于房地产整个财务会计核算管理工作的质量起到决定性的作用。因此，从事房地产行业的会计人员，必须具备专业的财务知识以及高度的责任心。

房地产行业的会计部门，是由一些考取相关证书并从事管理会计工作，处理房地产事宜的工作人员组成。会计工作者需熟练运用财务软件，依法获取相关的财务证件：会计从业资格证、初级会计师、中级会计师、高级会计师以及注册会计师等。房地产会计的工作内容都要由有资质的会计人员进行加工、处理、完善。因此，房地产会计人员必须有相关学习和工作经验，同时具备较高的职业道德素质，确保会计工作的顺利进行。

房地产会计工作者可以针对房地产的需要，根据各个岗位的工作，而设置相应的职位，各岗位的工作人员应做好自己分内的工作，如主管、记账、复查等职位。所有会计工作人员都要不断提升自己的综合素质，把工作做好、做精、做细。

此外，房地产会计工作者需要遵循以下几点内容：

（1）禁止弄虚作假。在房地产会计行业中，不乏有房地产董事长命令会计工作人员对财务数据进行"技术处理"，更改财务会计报表，从而欺骗金融部门，以满足董事长的一己私欲。殊不知，这不仅是职业道德的败坏，还是违法的行为，结果可想而知。因此，会计工作人员严格遵循会计相关法律法规，坚守自己的道德岗位。

（2）禁止滥用职权。由于财务会计工作专业性非常强，规范化程度高，甚至带有一定的机密性，当会计工作人员产生不良动机后，采取欺上瞒下的手段欺骗该单位领导及员工，会对企业造成一定的经济损失。纸是包不住火的，一经发现，会计人员轻则被罚款，重则被吊销会计从业资格证，丢失工作，情节严重者，将面临牢狱之灾。因此，从事房地产会计的工作人员禁止滥用职权谋求一己私欲，应依法行使本职工作。

（3）应具备良好的职业素养。从事房地产会计的工作人员必须认认真真、踏踏实实地工作。在工作中，不断总结工作经验、提高工作专业水平、建立强大的责任心以及加强自身道德修养。与同事融洽相处，懂得彼此互相学习，不断提高自身的专业技能水平及房地产业务管理能力。

总之，房地产会计的组织机构在房地产行业中非常重要，房地产会计的组织机构一定要站在房地产行业的角度依法行使工作，确保房地产行业正常运营。

第二章 房地产账项的核算

第一节 房地产应收账款的核算

本节关键词：

房地产应收账款、核算

本节内容提要：

（1）了解房地产应收账款的定义。

（2）了解房地产应收账款的特点。

（3）了解应收账款对房地产造成的风险。

（4）了解房地产应收账款的核算范围。

（5）了解房地产应收账款的核算。

一、房地产应收账款的定义

房地产应收账款是指房地产企业在正常的经营过程中因销售商品、产品、提供劳务等业务，依法向购买单位收取的房地产自身应得的款项。例如，应由购买单位或接受劳务单位负担的税金、代购买方垫付的各种运杂费等。

应收账款源自房地产企业的销售房产行为发生而形成的一项债权。房地产应收账款的确认与房地产收入的确认有着密不可分的关系。

一般情况下，房地产企业在确认收入的同时，明确经营过程中的应收账款，然后针对不同的购货单位或接受劳务的单位设置明细账户，进行明细核算。

二、房地产应收账款的特点

（1）应收账款能够显示出房地产企业在经营过程中被购买单位所占用的资金。

（2）房地产企业及时收回应收账款，可以解决或部分解决房地产资金周转问题。

（3）房地产及时收回所有的应收账款，可以满足房地产经营过程中所需的资金，保证企业正常运营。

（4）房地产应收账款属于房地产企业的资金范围，可以依法向拖欠单位索要。

（5）房地产应收账款若因特殊情况无法收回，凡符合坏账条件的，应在取得有关证明并按规定程序报批后，作坏账损失处理。

三、应收账款对房地产造成的风险

应收账款给房地产日常经营带来的两个最严重的风险，即资金周转困难和坏账损失。

（1）资金周转困难表示房地产现金流入延迟，是房地产在日常经营过程中面临的第一个风险，不只是房地产行业，其他各行各业均存在此类风险。

房地产企业需要资金不断开拓市场、实施建房等，如果资金不能及时收回，则会造成房地产实施的策略不能正常实施，从而影响工作进程。

此外，竣工工程的应收账款未能及时收回，直接影响房地产企业的生产经营。

（2）应收账款给房地产企业带来的第二个风险就是坏账损失。一般情况下，应收账款逾期未收回，房地产可以可根据《企业会计制度》相关规定，按照一定比例计提坏账准备，计入当期损益，冲减当期营业利润。不过，房地产企业一旦形成坏账损失，意味着房地产企业的盈利有所减少，不但无法收回应得的资金，甚至就连企业在该项目上投入的生产成本也会付诸东流，情节严重时，会影响企业的整体盈利水平。

四、房地产应收账款的核算范围

应收账款是由于房地产企业赊销而形成的，它的核算范围主要包括：

（1）应向购货单位收取的购买商品、材料等账款。

（2）代垫的包装物、运杂费。

（3）已冲减坏账准备又收回的坏账损失。

（4）已贴现的承兑汇票，因承兑企业无力支付的票款。

（5）预收工程价款的结算。

（6）其他预收货款的结算。

（7）收取购买商品、材料等账款。

（8）收回代垫的包装费、运杂费。

（9）退回的预收账款。

（10）企业的应收账款改用商业承兑汇票结算时，以及受到承兑的商业汇票时。

（11）已转销又收回的坏账损失。

五、房地产应收账款的核算

房地产应设置应收账款科目，主要用来核算企业在日常经营过程中应收回资金的增减情况，便于掌握房地产的经营状况。

当房地产发生应收账款时，按应收金额，借记本科目，按照实现的营业收入，贷记"主营业务收入"等，按专用发票上注明的增值税，贷记"应交税费——应交增值税（销项税额）"科目；收回应收账款时，借记"银行存款"等科目，贷记本科目。

【例1】甲公司于2012年6月19日，以托收承付方式向乙公司销售商品一批，货款350000元，增值税额59500元，以银行存款代垫运杂费6500元，以办理托收手续。甲公司应编制会计分录如下：

借：应收账款——乙公司　　　　　　　　　416000

　　贷：主营业务收入　　　　　　　　　　　　　　350000

　　　　应交税费——应交增值税（销项税额）　　　59500

　　　　银行存款　　　　　　　　　　　　　　　　 6500

房地产企业代购货单位垫付的包装费、运杂费，借记"应收账款"科目，贷记"银行存款"等科目；收回代垫运费时，借记"银行存款"科目，贷记"应收账款"科目。房地产企业收到债务人清偿债务的现金金额小于该项应收账款账面价值的，应按实际收到的现金金额，借记"银行存款"科目；按重组债权已计提的坏账准备，借记"坏账准备"科目，按重组债权的账面余额，贷记本科目，按其差额，借记"营业外支出"科目。

对于收到债务人清偿债务的现金金额大于该项应收账款账面价值的，应按实际收到的现金金额，借记"银行存款"科目；按重组债权已计提的坏账准备，借记"坏账准备"科目；按重组债权的账面余额，贷记本科目，按其差额，贷记"资产减值损失"科目。

【例2】2009年5月14日，甲公司收到乙公司应收账款余额合计为2000000元，按余额的10%进行基本坏账准备，期初坏账准备为200000元，那么甲公司计提坏账准备时应编制会计分录如下：

借：资产减值损失　　　　　　　　　　200000

　　贷：坏账准备　　　　　　　　　　　　　 200000

企业接受的债务人用于清偿债务的非现金资产，应按该项非现金资产的公允价值，借记"原材料"、"库存商品"、"固定资产"、"无形资产"等科目，按可抵扣的增值税额，借记"应交税费——应交增值税（进项税额）"科目，按重组债权的账面余额，贷记"应收账款"；按应支付的相关税费和其他费用，贷记"银行存款"、"应交税费"等科目，按其差额，借记"营业外支出"科目。

将债权转为投资时，房地产企业应按应享有股份的公允价值，借记"长期股权投资"科目，按重组债权的账面余额，贷记"应收账款"科目，按应支付的相关税费，贷记"银行存款"、"应交税费"等科目，按其差额，借记"营业外支出"科目。

以修改其他债务条件进行清偿的，企业应按修改其他债务条件后的债权的公允价值，借记本科目，按重组债权的账面余额，贷记"应收账款"科目，按其差额，借记"营业外支出"科目。

【例3】甲公司采用托收承付结算方式向乙公司销售商品一批，货款300000元，增值税额51000元，以银行存款代垫运杂费6000元，已办理托收手续。编制会计分录如下：

借：应收账款　　　　　　　　　357000
　　贷：主营业务收入　　　　　　　　　300000
　　　　应交税费——应交增值税（销项税额）　51000
　　　　银行存款　　　　　　　　　　　6000

甲公司实际收到款项时，编制会计分录如下：

借：银行存款　　　　　　　　　357000
　　贷：应收账款　　　　　　　　　　　357000

由此可见，应收账款处理得正确与否，与企业的利益有直接关系，因此房地产企业需加强应收账款的管理，提升企业经济效益。

第二节　房地产应收票据的核算

本节关键词：

房地产应收票据、核算

本节内容提要：

（1）了解房地产应收票据的定义。

（2）了解房地产应收票据的类别。

（3）了解房地产应收票据的核算。

（4）了解房地产应收票据的贴现。

一、房地产应收票据的定义

房地产应收票据作为房地产的一种债权凭证，是指房地产企业持有的、尚未到期兑换的商业票据。这种票据可以在一定日期、地点无条件支付。

二、应收票据的类别

在我国，应收票据是企业持有的、尚未到期兑现的商业汇票。

（1）商业汇票根据房地产承兑人不同，分为由付款人承兑的商业承兑汇票和由银行承兑的银行承兑汇票。

（2）商业汇票根据房地产业务支付本息额不同，主要分为带息票据和不带息票据。其中，带息票据到期时，根据票据面值和利率收取本息。不带息票据则在到期时，根据票据所记录的金额进行收款。

（3）根据偿还期限的长短，主要分为短期应收票据和长期应收票据。

三、应收票据的核算

房地产应收票据的方法主要包括两种，即按其票面价值入账和按票面价值的现值入账。因为商业汇票的期限往往不长，利息金额小，所以为了简化房地产应收票据的核算，《企业会计制度》规定，应收票据一律按照面值入账。

房地产企业应设置"应收票据"科目，借记"应收票据"科目，按实现的营业收入，贷记"主营业务收入"等科目，按专用发票上注明的增值税，贷记"应交税金——应交增值税"科目。房地产企业收到应收票据以抵偿应收账款时，借记"应收票据"科目，贷记"应收账款"科目。若是带息应收票据，则借记"应收票据"科目，贷记"财务费用"科目。

因付款人无法支付票据而收到银行退回的商业承兑汇票、委托收款凭证、未付票款通知书或拒绝付款证明等，按商业汇票的票面金额，借记"应收账款"科目，贷记"应收票据"科目。

最后，应收票据科目期末借方余额，反映企业期末结存的应收票据金额。

【例1】某公司 2010 年 9 月 21 日向甲公司销售商品一批，价款 300000 元，增值税 51000 元，商品已交付甲公司，该商品成本为 200000 元。当日收到甲公司开出并由银行承兑的商业汇票，面值 250000 元。该公司向乙公司采购原材料价款 200000 元，增值税 34000 元，材料已验收入库，乙公司发货时代垫运费 1800 元；当日将持有的甲公司商业汇票背书转让给乙公司，差额部分用银行存款结算。

该公司编制会计分录如下：

（1）销售商品：

借：应收票据　　　　　　　　　　　　351000
　　　贷：主营业务收入　　　　　　　　　　　　　　300000
　　　　　应交税费——应交增值税（销项税额）　　　　51000
借：主营业务成本　　　　　　　　　　200000
　　　贷：库存商品　　　　　　　　　　　　　　　　200000

（2）采购原材料：

借：原材料　　　　　　　　　　　　　200000
　　应交税费——应交增值税（进项税额）　34000
　　银行存款　　　　　　　　　　　　　1000
　　　贷：应收票据　　　　　　　　　　　　　　　　235000

应收票据利息的核算公式为：应收票据利息＝应收票面金额×票面利率×期限。

【例2】甲公司收到一张 4 月 9 日签发的面值为 50000 元、利率为 6%、

80 天到期的商业汇票，计算到期值。

其到期值为：

$50000 \times (1 + 6\% \times 80 \div 360) = 50666$（元）

四、应收票据的贴现

1. 应收票据的贴现

企业收到商业汇票，假如在票据未到期前需要提前取得资金，可以持未到期的商业汇票向银行申请贴现。

因此，应收票据贴现是指房地产企业将未到期的商业汇票经过背书，[①] 交给银行，经银行受理后，从票面金额中扣除按银行贴现率计算确定的贴现息后，将余额付给贴现企业。

现在票据贴现已经成为各企业之间比较常用的融通资金的行为。在贴现中，利息即为贴现息，所用的利率称为贴现率。当房地产使用应收票据向银行申请贴现时，《企业会计制度》规定：如果是带息票据，由于受票面载明的利率与银行贴现率的差异和贴现期的影响，其贴现所得与票面金额会产生差异，在会计上作为利息收支处理；如果是不带息票据，其贴现所得与票面金额产生的差异，在会计上作为利息支出处理。房地产企业以应收票据向银行贴现的贴息及贴现所得计算公式如下：

贴息 = 票据到期值×贴现率×贴现期

贴现所得 = 票据到期值 - 贴息

需要注意的是，带息应收票据的到期值，是其面值加上按票据载明的利率计算的票据全部期间的利息；不带息应收票据的到期值就是其面值。

除此之外，还需注意的是，假如存在承兑人在异地的，贴现、转贴现和再贴现等情况，那么按照期限以及贴现利息的计算，应另加 3 天的划款日期。

---

① 背书，是转让汇票权利的一种法定手续，就是由汇票持有人在汇票背面签上自己的名字或再加上受让人的名字，并把汇票交给受让人的行为。

2. 应收票据贴现核算的流程

应收票据贴现的计算过程可概括为四个流程：计算应收票据到期值、计算贴现利息、计算贴现收入和编制会计分录。

其中，涉及的计算公式为：

贴息＝票据到期值×贴现率/360×贴现日数

贴现日数＝贴现日至票据到期日实际天数－1

贴现收入＝票据到期值－贴现利息

按照中国人民银行《支付结算办法》的规定，实付贴现金额按到期价值扣除贴现日至汇票到期前一日的利息计算。承兑人在异地的，贴现利息的计算应另加3天的划款期限。

只要有赊销行为发生，应收票据就具有一定的风险性，因此房地产企业应建立一套相关的、完善的体系，才能在竞争日益激烈的市场中得到发展。

第三节　房地产坏账准备的核算

本节关键词：

房地产坏账准备、核算

本节内容提要：

（1）了解房地产坏账准备的概述。

（2）了解房地产坏账损失的确认。

（3）了解房地产坏账准备的计算方法。

（4）了解关于计提坏账准备的核算。

一、房地产坏账准备的概述

房地产坏账准备是指房地产企业的应收款项（应收账款、其他应收款等）

计提的，属于备抵账户。房地产企业对坏账损失的核算，采用备抵法。

房地产坏账准备的特征表现在以下几个方面：

（1）商业信用的高度发展是市场经济的重要特征之一，商业信用的发展不仅为房地产企业带来了丰厚的收入，也带来了坏账。

（2）坏账是房地产企业无法收回或收回的可能性极小的应收款项，会导致企业资金流入的减少。

（3）坏账损失是由于房地产企业实际发生坏账而产生的损失。

根据《企业会计制度》规定，企业坏账损失的核算应采用备抵法，计提坏账准备的方法由企业自行确定，可以按余额百分比法、账龄分析法、赊销金额百分比法等计提坏账准备，也可以按客户分别确定应计提的坏账准备。

二、房地产坏账损失的确认

企业应收、预付账款发生符合坏账损失条件的，申请坏账损失税前扣除，应提供下列相关依据：

（1）法院的破产公告和破产清算的清偿文件。

（2）法院的败诉判决书、裁决书，或者胜诉但被法院裁定终止执行的法律文书。

（3）工商部门的注销、吊销证明。

（4）政府部门有关撤销、责令关闭的行政决定文件。

（5）公安等有关部门的死亡、失踪证明。

（6）逾期3年以上及已无力清偿债务的确凿证明。

（7）与债务人的债务重组协议及其相关证明。

（8）其他相关证明。

明确坏账损失的确认：

（1）因债务人破产或者死亡，以其破产财产或其遗产偿债后，确实不能收回。

（2）因债务单位撤销，资金不抵债或者现金流量严重不足，确实不能收回。

（3）因发生严重的自然灾害等导致债务单位停产而在短时间内无法清偿债务，确认无法收回。

（4）因债务人逾期未履行偿债义务超过 3 年，经核查确实无法收回。

三、房地产坏账准备计算方法

（1）直接转销法。直接转销法是指房地产在经营过程中在实际发生坏账时，确认坏账损失，计入期间费用，并注销应收账款。这种方法的优点是账务处理简单，不过核销手续比较麻烦。

（2）应收账款余额百分比法。房地产企业采用应收账款余额百分比法，是根据会计期末应收账款的余额乘以估计坏账率即为当期应估计的坏账损失，据此提取坏账准备。估计坏账率可以按照以往的数据资料加以确定，也可根据规定的百分率计算。采用应收账款余额百分比法时应该注意以下几点内容：

已确认并已转销的坏账损失，如果以后又收回，应及时借记和贷记该项应收账款科目，而不应直接从"银行存款"科目转入"坏账准备"科目。这种处理方式便于了解债务人的财务状况信息。

收回的已作为坏账核销的应收账款，应贷记"坏账准备"科目，而不直接冲减"管理费用"、"坏账准备"科目则集中反映了坏账准备的提取、坏账损失的核销、收回的已作为坏账核销的应收账款情况。这种处理方式能够全面反映坏账准备的情况，便于会计信息使用者分析。

（3）账龄分析法。账龄分析法是根据房地产应收账款入账时间的长短来估计坏账损失的方法。尽管应收账款的收回情况与时间长短没有直接关系，但是，如果拖得太久，导致房地产企业发生坏账损失的可能性就非常大。

【例 1】湖北某公司于 2002 年初开业，这家公司采用应收账款余额比率法核算坏账准备。2002 年末公司应收账款的余额为 200000 元，估计坏账损失率 8‰，应提取坏账准备 1600 元，分录如下：

借：管理费用——坏账损失　　　　1600

　　贷：坏账准备　　　　　　　　　　　　1600

【例2】2003年，浙江甲公司有达利公司欠款800元，经确认为坏账，应予转销，该公司编制会计分录如下：

借：坏账准备　　　　　800

　　贷：应收账款——达利公司　　800

（4）销货百分比法。销货百分比法，是指房地产企业根据赊销金额的一定百分比估计坏账损失的方法。

一般情况下，估计坏账损失百分比可能会因房地产企业生产经营情况的不断变化而不相适应。工作人员应该时刻检查此种方法能否反映房地产企业坏账损失的真实情况。如果出现不合理的地方，应及时调整。

四、关于计提坏账准备的核算

【例3】某企业按照应收账款余额的3‰提取坏账准备。假设该企业第一年的应收账款余额为1100000元；第二年发生坏账6700元，其中甲单位1200元，乙单位5500元，年末应收账款余额为1300000元；第三年，已冲销的上年乙单位的应收账款5500元又收回，期末应收账款余额为1500000元。

（1）计提坏账准备：

借：资产减值损失　　　　3300

　　贷：坏账准备　　　　　　　　3300

（2）第二年发生坏账损失：

借：坏账准备　　　　　6700

　　贷：应收账款——甲单位　　1200

　　　　　　　　——乙单位　　5500

（3）年末应收账款余额为1300000时，计提：$1300000 \times 3‰ = 3900$，但由于第一年计提数3300元不够支付损失6700元，所以，在第二年末时应补提第一年多损失的3400元，即第二年末共计提7300元。

借：资产减值损失　　　　　　7300

　　贷：坏账准备　　　　　　　　　　7300

（4）已冲销的上年应收账款又收回：

借：应收账款——乙单位　　　5500

　　贷：坏账准备　　　　　　　　　　5500

同时：

借：银行存款　　　　　　　　5500

　　贷：应收账款　　　　　　　　　　5500

　　企业合理提取坏账准备，进行坏账准备的核算，能够真实反映企业的实际经营状况，有利于企业领导者调整相关经营策略，规避风险，实现良性发展。

第三章　房地产会计的结算方法

第一节　房地产支付结算概述

本节关键词：

房地产支付结算

本节内容提要：

（1）了解房地产支付结算的定义。

（2）了解房地产支付结算的特点。

（3）了解房地产支付结算的原则。

（4）了解房地产支付结算的基本要求。

一、房地产支付结算的定义

房地产支付结算是指国家机关、企业事业单位、社会团体和其他社会组织以及个人，在社会经济活动中使用汇票、本票、支票、汇兑、委托收款、银行卡等方式进行货币给付及资金清算的法律行为，是国民经济活动中资金清算的中介。

我国制定了一系列支付结算方面的法律、法规与相关制度，目的主要在于合理规范支付结算行为，相关法律法规主要包括：1996 年 1 月 1 日实施的

《中华人民共和国票据法》；1997 年 10 月实施的《票据管理实施办法》；1997 年实施的《支付结算办法》以及《银行账户管理办法》等；2000 年 11 月 14 日公布的《最高人民法院关于审理票据纠纷案件若干问题的规定》。

　　房地产会计在进行支付结算时的主要任务是根据经济往来组织支付结算，准确、及时、安全办理支付结算，按照有关法律、行政法规和规定管理支付结算，保障支付结算活动的正常进行，从而确保房地产经营的顺利进行。在办理支付结算过程中需要注意的是，在银行开立存款账户的单位和个人办理支付结算，账户内须有足够的资金保证支付，没有开立存款账户的个人向银行交付款项后，也可以通过银行办理支付结算。

二、房地产支付结算的特点

　　房地产支付结算的特点主要表现在以下几个方面：

　　（1）《支付结算办法》第六条规定："银行是支付结算和资金清算的中介结构。未经中国人民银行批准的非银行金融机构和其他单位不得作为中介结构经营支付结算业务。但法律、行政法规另有规定的除外。"由此可见，支付结算必须通过法律规定的中介机构进行，未经中国人民银行批准的非银行金融机构和其他单位不能作为中介机构经营支付结算业务。

　　（2）支付结算是一种要式行为。房地产会计在办理票据和结算凭证时，必须使用国家统一规定印制的票据凭证和结算凭证，如果票据无效，或者未使用中国人民银行统一规定格式的结算凭证，银行不予受理。因此，工作人员必须按照国家规定正确填写票据和结算凭证。

　　（3）支付结算的发生取决于委托人的意志。

　　（4）支付结算必须按照相关法律法规进行，且实行统一和分级管理相结合的管理体制。

三、房地产支付结算的原则

（1）恪守信用，履约付款原则。

（2）谁的钱进谁的账，由谁支配原则。

（3）银行不垫款原则。

四、房地产支付结算的基本要求

根据《支付结算办法》的规定，单位、个人和银行办理支付结算的基本要求包括：

（1）使用结算的票据，必须符合国家规定。《支付结算办法》第九条规定，票据和结算凭证是办理支付结算的工具。单位、个人和银行办理支付结算，必须使用按中国人民银行规定印制的票据和结算凭证。未使用经中国人民银行同意印制的票据，票据无效；未使用中国人民银行统一规定格式的结算凭证，银行不予受理。

（2）收取现金结算，也可以收取支票、银行本票和其他转账结算凭证。

（3）单位、个人和银行应当按照《人民币银行结算账户管理办法》的规定开立、使用账户。

（4）票据和结算凭证上的签章必须真实有效，如果存在其他记载事项的，内容必须真实，禁止伪造、变造。

（5）单位、个人和银行需按照《人民币结算账户管理方法》的规定开立、使用账户。

（6）工作人员填写票据和结算凭证必须规范，严格按照有关规定进行填写，规范填写内容，必须做到要素齐全、数字正确、字迹清晰、不错不漏、不连笔，防止涂改。

（7）填写票据和结算凭证的信息不能随意更改，《支付结算方法》第十二条规定，票据和结算凭证的金额、出票或签发日期、收款人名称不得更改，更改的票据无效；更改的结算凭证，银行不予受理。对票据和结算凭证上的其他记载事项，原记载人可以更改，更改时当由原记载人在更改处签章证明。

（8）记载内容便于银行受理，《支付结算办法》第十三条规定，票据和结算凭证金额应以中文大写和阿拉伯数字同时记载，两者必须一致，两者不一致的票据无效；两者不一致的结算凭证，银行不予受理。

（9）办理结算时需交验有效身份证明，《支付结算办法》第十五条规定，办理支付结算需要交验的个人有效身份证件是指居民身份证、军官证、警官证、文职干部证、士兵证、户口簿、护照、中国港澳台地区同胞回乡证等符合法律、行政法规以及国家有关规定的身份证件。

（10）合理盖章，是指票据和结算凭证上的签章，为签名、盖章或者签名加盖章。单位、银行在票据上的签章和单位在结算凭证上的签章，为该单位、银行的盖章加其法定代表人或其授权的代理人的签名或盖章。个人在票据和结算凭证上的签章，应为该个人本人的签名或盖章。

五、房地产支付结算的分类

按照不同的标准，支付结算可分为不同类别。

1. 按形式划分

房地产会计按照结算形式的不同，可分为现金结算和非现金结算两种。

所谓现金结算是指当事人直接用现金进行货币收付。非现金结算又称银行结算，是指当事人通过银行将款项从付款单位的账户划转到收款单位的账户的结算过程。

2. 按工具划分

房地产会计按照结算使用的工具不同，分为票据结算和非票据结算两类。

（1）票据结算包括汇票、本票和支票。

（2）非票据结算，包括银行卡、银行卡、汇兑、托收承付和委托收款结算等。

六、拒绝支付结算

《支付结算法》明确规定，当发生下列行为时，票据债务人对持票人可以拒绝付款：

（1）对不履行约定义务的与自己有直接债权债务关系的持票人。

（2）以欺诈、偷盗或者胁迫等手段取得票据的持票人。

（3）对明知有欺诈、偷盗或者胁迫等情形，出于恶意取得票据的持票人。

（4）明知债务人与出票人或者持票人的前手之间存在抗辩事由而取得票据的持票人。

（5）因重大过失取得不符合《票据法》规定的票据的持票人。

（6）对取得背书不连续票据的持票人。

（7）符合《票据法》规定的其他抗辩事由。

支付结算是房地产企业重要的财务管理活动，因此，企业要选择适当的支付结算方式，不仅可以提高企业的经济效益，还会降低结算风险。

第二节　现金管理制度

本节关键词：

现金管理制度

本节内容提要：

了解现金管理制度。

一、总则

第一条　为了加强现金管理，健全现金收付制度，严格执行现金结算纪律，特制定本制度。

第二条　本制度是根据国家财务制度的有关规定，结合公司的具体情况制定的，将随着国家相关政策及公司实际情况的变化予以修改和完善。

二、现金使用范围

第三条　使用现金范围：

（1）员工工资、奖金、津贴及劳保福利费用。

（2）出差人员差旅费。

（3）采购办公用品或其他物品，金额在使用支票结算起点1000元以下的。

（4）业务活动的零星支出备用金。

（5）确需现金支付的其他支出。

三、现金收付原则

第四条　收付现金必须根据规定的合法凭证办理，没有经过审批签章或超越规定审批权限的，出纳不予付款。不准白条顶款，不准垫支挪用。

第五条　购买物品或支付货款，尽量使用支票、汇款等转账方式，减少现金支付量。

第六条　因公外出或购买物品，需借用现金时，出纳一律凭相关负责人审批的、财务部统一印制的借款单付款。

第七条　出纳不得擅自将单位现金借给个人或其他单位，不准谎报用途套取现金、不准利用银行账户代其他单位或个人存入或支取现金，不准将单位收入的现金以个人名义存入银行，不准保留账外公款。

四、现金收入和支出

第八条　不论何种来源收入的现金，原则上应于当日送存开户银行。

第九条　支付现金，应该从库存现金中支付或从银行提取；不得从现金收入直接支付，坐支现金。

第十条　严格审查采购物品化整为零，在结算起点以下的现金支付。

第十一条　在特殊情况下对按规定应转账结算而不得不用现金结算的，经申请公司领导同意方可办理。

五、现金报销时间规定

第十二条　购买物品借用现金应在购货后 3 个工作日内报销，出差人员所借现金必须在返回后 5 个工作日内报销，不按时还清借款又不向财务部门说明原因的，财务部门有权从借款人工资中扣除。

第十三条　出国人员个人购汇所借现金，应在回国后 15 个工作日内还清。

六、库存现金的保管

第十四条　库存现金不应超过银行规定的限额，超过限额要当日送存银行。

第十五条　会计人员应于月末、季末、年末清理各类借款，及时催收，发现重大问题，应及时向领导汇报，采取措施。

第十六条　办理现金出纳业务，必须做到按日清理、按月结账，及时登记现金日记账，结出库存现金账面余额，并与库存现金实地盘点数核对相符。

第十七条　库存现金必须每日核对清楚，保持账款相符，如发生长短款问题要及时向领导汇报，查明原因按"财产损溢处理办法"进行处理，不得擅自将长短款项相互补抵。

第十八条　保管现金要有安全防范措施，存放现金要用保险柜，保险柜钥匙要由专人保管。下班要检查保险柜、窗户、门，锁好后，方能离开。

第十九条　由有关领导和专业人员组成清查小组，定期或不定期地对库存现金情况进行清查盘点，重点是账款是否相符、有无白条抵库、有无私借公款、有无挪用公款、有无账外资金等违纪违法行为。

七、处罚

第二十条 对违反本办法造成公司损失的，视其情节轻重，给予处罚。

第二十一条 凡超出规定范围、限额使用现金，用不符合制度的凭证充抵库存现金，未经批准坐支现金，私设小金库，编造用途套取现金，公款私存的，除给有关人员处分外，分别给予违纪金额10%~30%的罚款。

第二十二条 所有罚款一律上缴公司财务部。

八、附则

第二十三条 本制度自下发之日起执行。

第二十四条 本制度解释权属公司财务部。

第三节　房地产银行结算账户

本节关键词：

银行结算

本节内容提要：

（1）了解银行结算的定义。

（2）了解银行结算的特点。

（3）了解银行结算账户的变更。

（4）了解银行结算账户的分类。

一、银行结算账户的定义

银行结算账户是指存款人在经办银行开立的办理资金收付结算的人民币活期存款账户。这里的存款人是指在中国境内开立银行结算账户的机关、团体、部队、企业、事业单位、其他组织、个体工商户和自然人，中国人民银行负责监督、检查银行结算账户的开立和使用，对存款人、银行违反银行结算账户管理规定的行为予以处罚。

二、银行结算账户的特点

（1）办理人民币业务。
（2）办理资金收付结算业务。
（3）属于活期存款账户。

三、银行结算账户的变更

银行结算账户的变更是指存款人账户信息资料发生了变化和更改。主要包括存款人名称、单位法定代表人或主要负责人、住址以及其他开户资料发生的变化。无论是何种信息发生了变化，存款人的银行资料都应及时到开户银行办理变更手续，最好于 5 个工作日内向开户银行提出银行结算账户的变更申请，并出具有关部门的证明文件。银行接到存款人变更通知后，应及时办理变更手续，并于 2 个工作日内向中国人民银行报告。

四、银行结算账户的分类

银行结算账户主要分为基本存款账户、一般存款账户、专用存款账户和临时存款账户四大类，银行为存款人开立一般存款账户、专用存款账户和临时存款账户的，应自开户之日起3个工作日内书面通知基本存款账户开户银行。《人民币银行结算账户管理办法》第二十八条规定，银行应对存款人的开户申请书填写的事项和证明文件的真实性、完整性、合规性进行认真审查。

开户申请书填写的事项齐全，符合开立基本存款账户、临时存款账户和预算单位专用存款账户条件的，银行应将存款人的开户申请书、相关证明文件和银行审核意见等开户资料报送中国人民银行当地分（支）行，经其核准后办理开户手续；符合开立一般存款账户、其他专用存款账户和个人银行结算账户条件的，银行应办理开户手续，并于开户之日起5个工作日内向中国人民银行当地分支行备案。

（1）基本存款账户是指存款人为办理日常转账结算和现金收付而开立的银行结算账户，是存款人在银行的主要存款账户，各单位不能在一家银行开立多个基本存款账户。基本存款账户是存款人的主办账户。存款人日常经营活动的资金收付及其工资、奖金和现金的支取，应通过该账户办理。

（2）一般存款账户是指存款人的辅助结算账户，借款转存、借款归还和其他结算的资金收付可通过该账户办理。一般存款账户的优势是该账户可以办理现金缴存，且账户开立数量没有限制。需要注意的是一般存款户不允许办理现金支取。一般存款户的特点：

1）只能在基本存款账户开户银行以外的银行开立。

2）一般存款账户仅用于办理存款人借款转存、借款归还和其他结算的资金收付业务。

3）可以缴存现金，无法支取现金。

（3）专用存款账户是指存款人按照法律、行政法规和规章，对其特定用途资金进行专项管理和使用而开立的银行结算账户，专用存款账户用于办理各项专用资金的收付。专用存款账户的特点：

1）单位银行卡账户的资金必须由其基本存款账户转账存入，本账户禁止办理现金收付业务。

2）财政预算外资金、证券交易结算资金、期货交易保证金、信托基金专用存款账户，不得支取现金。

3) 基本建设资金、更新改造资金、政策性房地产开发资金、金融机构存放同业资金账户需要支取现金的，应在开户时报中国人民银行当地分支行批准。中国人民银行当地分支行应根据国家现金管理的规定审查批准。

4) 监督粮、棉、油收购资金专用存款账户资金的合理使用。

5) 收入汇缴账户除向其基本存款账户或预算外资金财政专用存款账户划缴款项外，只收不付，不得支取现金。业务支出账户除从其基本存款账户拨入款项外，只付不收，其现金支取必须按照国家现金管理的规定办理。

6) 银行应按照相关规定和国家对粮、棉、油收购资金使用管理规定加强监督，对不符合规定的资金收付和现金支取，不得办理。但对其他专用资金的使用不负监督责任。

（4）临时存款账户是指存款人因临时需要并在规定期限内使用而开立的银行结算账户。临时存款账户应根据有关开户证明文件确定的期限或存款人的需要确定其有效期限。

存款人在账户的使用过程中需要延长期限的，应在有效期限内向开户银行提出申请，并由开户银行报中国人民银行当地分（支）行核准后办理展期。临时存款账户的有效期不得超过 2 年。

《人民币银行结算账户管理办法》明确规定，存款人开立单位银行结算账户，自正式开立之日起 3 个工作日后，方可办理付款业务。但注册验资的临时存款账户转为基本存款账户和因借款转存开立的一般存款账户除外。临时存款账户的特点：

1) 可以设立临时机构、异地临时经营活动、注册验资，期限较短，通常不超过两年。

2) 虽然可以支取现金，但注册验资的临时存款账户在验资期间只收不付。

3) 注册验资资金的汇缴人应与出资人的名称一致。

4) 临时存款账户支取现金，应按照国家现金管理的规定办理。

第四节　房地产票据结算

本节关键词：

房地产票据结算

本节内容提要：

（1）了解票据结算的定义。

（2）了解票据结算的四种方式。

一、票据结算的定义

票据结算是支付结算的过程。其中，票据是指《中华人民共和国票据法》所规定的由出票人依法签发的、约定自己或者委托付款人在见票时或指定日期向收款人或持票人无条件支付一定金额并可转让的有价证券。

一般而言，资金往来结算票据作为国家财政票据的重要组成部分，为各单位包括房地产资金往来结算提供了基础条件。票据结算不仅加强了非税收收入管理，而且对规范房地产的资金结算发挥了积极作用。

票据的格式、联次、颜色、规格及防伪技术要求和印制，由中国人民银行规定。

二、票据结算

在我国，票据包括银行汇票、银行本票、商业汇票和支票。通常，票据具有信用、支付、汇兑和结算等职能。

1. 银行汇票

（1）银行汇票的定义。银行汇票是汇款人将款项交存当地出票银行签发，将实际结算金额无偿支付给收款人或持票者。

银行汇票上的出票人签章、银行承兑商业汇票的签章，为该银行的汇票专用章加其法定代表人或者其授权的代理人的签名或者盖章。

银行汇票的特点：使用便捷、灵活，兑换性强。多用于先收款后发货或钱货两清的商品交易。

（2）银行汇票结算。银行汇票结算的当事人包括出票人、收款人和付款人。

《票据管理实施办法》第二十条规定，付款人或者代理付款人收到挂失止付通知书，应当立即暂停支付。付款人或者代理付款人自收到挂失止付通知书之日起 12 日内没有收到人民法院的止付通知书的，自第 13 日起，挂失止付通知书失效。

第二十一条规定，付款人或者代理付款人在收到挂失止付通知书前，已经依法向持票人付款的，不再接受挂失止付。

（3）银行汇票结算注意事项。

1）银行汇票的签发和解付。

2）银行汇票必须记名。

3）银行汇票实行零起点限制。

4）银行汇票的付款期不得超过 1 个月。

向银行申请办理汇票承兑的商业汇票的出票人，必须具备下列条件：

1）承兑银行开立存款账户。

2）资信状况良好，并具有支付汇票金额的可靠资金来源。

2. 银行本票

（1）银行本票的定义。银行本票是银行签发的，承诺自己在见票时无条件支付确定的金额给收款人或者持票人的票据。银行本票分定额本票和不定额本票两种。其中，定额本票面值分别为 1000 元、5000 元、10000 元和 50000 元。在票面划去转账字样的，即现金本票，现金本票的显著特点是只能支取现金。

（2）银行本票的特点。

1）使用方便、灵活，我国现行的银行本票使用方便、灵活。不管单位、个体经济户和个人在银行开户与否，商品交易、劳务供应以及其他款项的结算都可以使用银行本票。

2）转账、取值现金两不误，收款单位和个人持银行本票可以办理转账结算，也可以支取现金，同样也可以背书转让。银行本票见票即付，结算迅速。

3）信誉度高，支付能力强，银行本票是由银行签发，在本票上制定的期限内由签发银行无条件支付，因而信誉度很高，可信度强。其中，定额银行本票由中国人民银行发行，各大国有商业银行代理签发，不会存在票款得不到兑付的问题。不定额银行本票由各大国有商业银行签发，在资金力量雄厚的前提下，持票人不用担心得不到款项。

（3）使用银行本票注意事项。签发银行本票时应注意以下几点内容：

1）标明"银行本票"的字样。

2）无条件支付的承诺。

3）确定的金额。

4）收款人名称。

5）出票日期。

6）出票人签章。

收款人受理银行本票时，应审查下列事项：

1）收款人是否确为本单位或本人。

2）银行本票是否在提示付款期限内。

3）重要的事项是否齐全。

4）出票人签章是否符合规定。

5）出票金额、出票日期、收款人名称是否更改，更改的信息是否经由原记载人证明。

银行本票使用中须注意的内容：

1）行本票见票即付。

2）申请人或收款人为单位的，不得申请签发现金银行本票。

3）申请人因银行本票超过提示付款期限或其他原因要求退款时，应将银行本票提交到出票银行，申请人为单位的应出具该单位的证明，申请人为个人的应出具本人的身份证件。

3. 商业汇票

（1）商业汇票的定义。商业汇票是指由付款人或存款人签发，由承兑人在限定期限内向收款人承兑支付款项的一种票据。

（2）商业汇票的特点。

1）与银行汇票等相比，商业汇票的适用范围不太广泛，各企业、事业单位之间只有根据购销合同进行合法的商品交易，才能签发商业汇票。除此之外，均不能使用商业汇票。

2）与银行汇票等结算方式相比，商业汇票的使用对象也不多。商业汇票的使用对象是在银行开立账户的法人或者其他组织。使用商业汇票的收款人、付款人以及背书人、被背书人只有在银行开立账户、具有法人资格后才可以使用商业汇票。

3）商业汇票签发者是付款人或者收款人，无论付款人还是收款人都必须经过承兑。只有经过承兑的商业汇票才具有法律效力，承兑人必须到期无条件付款。商业汇票到期，因承兑人无款支付或其他合法原因，债权人未能获得付款时，则根据相关办法依法追索票面。需要注意的是，商业汇票承兑期间一般为3~6个月，最长不得超过6个月。

（3）办理商业汇票的注意事项。办理商业汇票应注意以下几点内容：

1）办理商业汇票是建立在合法、真实的交易基础上，出票人禁止骗取银行或当事人的资金。

2）商业汇票的出票人，应为在银行开立存款账户的法人以及其他组织，与付款人（即承兑人）具有真实的委托付款关系。除此之外，还应有可靠的资金。

3）签发商业汇票必须依法进行处理。

4）出票人签发汇票时，应在汇票上记载具体的到期日。商业汇票上的出票人签章，为该单位的财务专用章或者公章加其法定代表人或者其授权的代理人的签名或者盖章。

5) 商业承兑汇票和银行承兑汇票的持票人员均应在汇票到期日前向付款人提示承兑，超过日期则不受理，且承兑不得附有条件。

6) 商业汇票的持票人向银行申请贴现时，必须提供与其直接前手之间的增值税发票和商品发运单据复印件，贴现银行凭发运单据复印件办理转贴现。

7) 商业汇票的票款结算一般采用委托收款方式。

（4）商业汇票（银行承兑汇票和商业承兑汇票）的持有人办理贴现须符合下述规定。

1)《票据法》第十条规定：票据的签发、取得和转让，应当遵循诚实信用的原则，具有真实的交易关系和债权债务关系。

2) 国务院的《票据管理实施办法》第十条规定：向银行申请办理票据贴现的商业汇票持票人必须具备下列条件：

①在银行开立存款账户；②与出票人、前手之间具有真实的交易关系和债权债务关系。

（5）中国人民银行颁布的《支付结算办法》第九十二条规定：商业汇票的持票人向银行办理贴现必须具备下列条件：①在银行开立存款账户的企业法人以及其他组织；②与出票人或者直接前手之间具有真实的商品交易关系；③提供与其直接前手之间的增值税发票和商品发送单据复印件。存款账户的法人以及其他组织之间须具有真实的交易关系或债权债务关系，才能使用商业汇票。

4. 支票

（1）支票的定义。支票是由出票人签发，委托办理支票存款业务的银行或者其他金融机构在见票时，将支票上显示的金额无偿及时支付给持票人。

支票的出票人，为在经中国人民银行批准办理支票存款业务的银行、城市信用合作社和农村信用合作社开立支票存款账户的企业、其他组织和个人。

（2）使用支票的注意事项。

1) 转账支票可以背书转让，现金支票不得背书转让。

2) 支票提示付款期不超过 10 天。

3) 支票签发的日期、大小写金额和收款人名称禁止随意更改，其他内容有误可以划线更正，并加盖预留银行印鉴。

4）支票发生遗失，可以向付款银行申请挂失止付，需要注意的是，若挂失前已经支付，银行则不予受理。

5）签发空头支票或者签发与其预留签章不符的支票，不以骗取财物为目的的，由中国人民银行处以票面金额的 5%但不低于 1000 元的罚款；持票人有权要求出票人赔偿支票金额 2%的赔偿金。

（3）支票的填写。

1）出票日期（大写）。数字必须大写，大写数字写法：零、壹、贰、叁、肆、伍、陆、柒、捌、玖、拾。例如，2002 年 2 月 5 日大写为：贰零零贰年贰月伍日。

2）人民币（大写）。数字大写写法：零、壹、贰、叁、肆、伍、陆、柒、捌、玖、拾、佰、仟、万、亿。注意："万"字不带单人旁。

3）人民币小写：最高金额的前一位空白格用"¥"字头打掉，数字填写要完整清楚。

第四章 房地产税收的核算

第一节 房产税与土地增值税的核算

本节关键词：

房产税、土地增值税、核算

本节内容提要：

（1）了解房产税的定义。

（2）了解房产税的核算。

（3）了解土地增值税的定义。

（4）了解土地增值税的核算。

一、房产税

1. 房产税的定义

房产税是将房屋作为征税对象，与房地产经纪运动过程有关，按房屋的计税余值或租金收入为计税依据，向产权所有人征收的一种财产税，是一个综合性概念。

2. 房产税的计算方法

（1）从价计征，从价计征是按房产的原值减除一定比例后的余值计征，其公式为：应纳税额=应税房产原值×（1−扣除比例）×年税率1.2%。

（2）从租计征，从租计征是按房产的租金收入计征，其公式为：应纳税额=租金收入×12%。

3. 房产税的特点

（1）房产税属于财产税中的个别财产税，它的征税对象只是房屋，属于个别财产税，不包括其他项目。

（2）征收范围限于城镇的经营性房屋，我国现行的房产税限定在城市、县城、建制镇和工矿区范围内，不涉及农村。

（3）区别房屋的经营使用方式规定征税办法，对于自用的按房产计税余值征收，对于出租房屋按租金收入征税，便于平衡税收负担。

4. 房产税的征收标准

房产税征收标准分为从价计征和从租计征两种情况：

（1）从价计征的，其计税依据为房产原值一次减去10%~30%后的余值。

（2）从租计征的（即房产出租的），以房产租金收入为计税依据。从价计征的具体减除幅度由省、自治区、直辖市人民政府确定。

房产税税率采用比例税率。按照房产余值计征的，年税率为1.2%；按房产租金收入计征的，年税率为12%。

房产税应纳税额的计算分为以下两种情况，其计算公式为：

（1）以房产原值为计税依据的：

应纳税额=房产原值×（1−10%或30%）×税率（1.2%）

（2）以房产租金收入为计税依据的：

应纳税额=房产租金收入×税率（12%）

5. 房产税的核算

房产税应纳税款的核算，主要通过"应交税金——应交房产税"科目进行核算。贷方反映企业应交纳的房产税，借方登记企业实际已经缴纳的房产税，余额在贷方反映企业应交而未交的房产税。

【例1】月末，某企业计算出按规定应交纳的房产税税额，应编制会计分录为：

借：管理费用

　　贷：应交税金——应交房产税

企业按照规定的纳税期限缴纳房产税时，应编制会计分录为：

借：应交税金——应交房产税

　　贷：银行存款

二、土地增值税

1. 土地增值税的定义

土地增值税是指对转让国有土地使用权、地上建筑物及其附着物并取得收入的单位和个人所征收的一种税。转让所取得的收入包括货币收入、实物收入和其他收入为计税依据向国家缴纳的一种税负。

国务院于 1993 年 12 月 13 日发布了《中华人民共和国土地增值税暂行条例》，财政部于 1995 年 1 月 27 日颁布了《中华人民共和国土地增值税暂行条例实施细则》，决定自 1994 年 1 月 1 日起在全国开征土地增值税，这是我国（除台湾地区外）开征的第一个对土地增值额或土地收益额征收的税种。

2. 土地增值税的计算公式

应纳税额=增值额×适用税率－扣除项目金额×速算扣除系数。

3. 土地增值税的特点

（1）土地增值税的计税依据，主要是转让房地产的增值额。

（2）征税面比较广，只要发生应税收入的个人或者单位，都需及时缴纳增值税。

（3）实行超率累进税率，税率高，多纳税；反之，少纳税。

（4）实行按次征收，只要发生一次转让行为，则需纳税。

4. 土地增值税的优势

（1）土地增值税对增强国家对房地产开发商和房地产交易市场的调控，起到一定的作用。

（2）土地增值税有利于减少炒买炒卖土地获取暴利的行为。

（3）土地增值税可以帮助国家增加财政收入，加快国家经济建设的步伐。

5. 土地增值税的核算

对于房地产开发企业而言，房地产销售属于企业的主营业务。因此，转让房地产过程中应缴纳的土地增值税，应借记"营业税金及附加"账户，贷记"应交税费——应交增值税"账户。

【例2】某房地产开发公司销售居民住宅，取得转让收入 22000000 元；按规定缴纳营业税 1200000 元，城市维护建设税 80000 元，教育费附加 40000 元；为取得该片住宅的土地使用权支付地价款和有关费用 2500000 元；投入开发成本为 8000000 元；支付银行存款利息费用为 110000 元（不能按转让房地产项目计算分摊），其他房地产开发费用为 6000000 元。该公司所在地人民政府规定房地产开发费用的计算扣除比例为 10%。则应纳土地增值税税额计算及应编制会计分录为：

（1）计算应缴土地增值税：

扣除项目金额 = 2500000 + 8000000 +（2500000 + 8000000）× 10% + 1200000 + 80000 + 40000 +（2500000 + 8000000）× 20% = 14970000（元）

增值额 = 22000000 − 14970000 = 7030000（元）

增值率 = 7030000 ÷ 14970000 × 100% = 46.9%

应交税额 = 7030000 × 30% = 2109000（元）

（2）会计处理：

取得土地使用权时：

借：无形资产——土地使用权　　　22000000

　　贷：银行存款　　　　　　　　　　　　　22000000

转让房地产取得收入时：

借：银行存款　　　　　　　　　22000000

　　贷：主营业务收入　　　　　　　　　　　22000000

支付银行存款利息时：

借：财务费用　　　　　　　　　110000

　　贷：银行存款　　　　　　　　　　　　　110000

结转销售成本时：

借：主营业务成本　　　　　　　8000000

　　贷：开发产品　　　　　　　　　　　　　8000000

按税法规定计算应缴纳的各项税金及附加费时：

借：营业税金及附加　　　　　　4617070

　　贷：应交税费——应交营业税　　　　　　1200000

　　　　　　　　——应交城市维护建设税　　　80000

　　　　　　　　——应交土地增值税　　　　3297070

　　　　　　　　——应交教育费附加　　　　　40000

6. 土地增值税申报资料

根据土地增值税暂行条例规定，纳税人应自转让房地产合同签订之日起7日内，向房地产所在地的主管税务机关办理纳税申报，并且需及时向税务机关提交相关资料。

房地产开发企业应向税务机关提交以下资料：

（1）房屋及建筑物产权、土地使用权证书。

（2）土地转让、房产买卖合同。

（3）房地产评估报告。

（4）与转让房地产有关的资料。

第二节　契税与耕地占用税的核算

本节关键词：

契税、耕地占用税、核算

本节内容提要：

（1）了解房地产契税的定义。

（2）了解房地产契税的核算。

（3）了解房地产耕地占用税的定义。

（4）了解房地产耕地占用税的核算。

一、房地产契税

1. 房地产契税的定义

契税是指以土地、房屋权属发生转移变动的不动产为征税对象，向产权承受人征收的一种财产税。应缴税范围包括土地使用权出售、赠与和交换，房屋买卖，房屋赠与，房屋交换等。

现行的《中华人民共和国契税暂行条例》于 1997 年 10 月 1 日起施行。在中国境内取得土地、房屋权属的企业和个人，应当依法缴纳契税。取得土地、房屋权属包括下列方式：国有土地使用权出让，土地使用权转让（包括出售、赠与和交换），房屋买卖、赠与和交换。以下列方式转移土地房屋权属的，视同土地使用权转让、房屋买卖或者房屋赠与征收契税：以土地、房屋权属作价投资、入股，以土地、房屋权属抵偿债务，以获奖的方式承受土地、房屋权属，以预购方式或者预付集资建房款的方式承受土地、房屋权属。

2. 房地产契税的核算

企业和事业单位取得土地使用权、房屋所有权按规定缴纳的契税，计入所取得土地使用权和房屋所有权的成本。其中，企业缴纳的契税，借记"固定资产"、"无形资产"等科目，贷记"银行存款"科目。房地产取得的房屋可直接使用的，在取得时按应纳的契税税额外负担，先记入"固定资产"科目；如果取得的房屋需修建后再使用，则应纳契税并记入"在建工程"科目，待修建完工后再转入"固定资产"科目。

【例1】某公司接受捐赠能够直接使用的房屋，该公司编制会计分录如下：

借：固定资产

贷：资本公积

应交税金——应交契税

实际缴纳契税时：

借：应交税金——应交契税

　　贷：银行存款

【例2】某公司取得不能直接使用的房屋，那么，该公司应编制会计分录如下：

借：在建工程

　　贷：应交税金——应交契税

　　　　银行存款

实际缴纳契税时：

借：应交税金——应交契税

　　贷：银行存款

房屋修建完工后：

借：固定资产

　　贷：在建工程

【例3】甲公司购买了能够直接使用的房屋，折价公司应编制会计分录如下：

借：固定资产

　　贷：应交税金——应交契税

　　　　银行存款

实际缴纳契税时：

借：应交税金——应交契税

　　贷：银行存款

交换房屋时，如果双方价格相当，可免征契税。如果价格不相当，其超过部分按买契的税率纳税，国有企业相互间转移国有房产，免纳契税。

公司在补缴税款和滞纳金时：

借：固定资产

　　利润分配——未分配利润

　　贷：银行存款

【例4】某中外合资企业2000年11月从当地政府手中取得某块土地使用

权，其中，支付土地使用权出让费 1500000 元，省政府规定契税税率为 3%，则按规定企业应当缴纳的契税为：应纳税额 = 1500000 × 3% = 45000 元，则企业在实际缴纳契税时应作会计分录如下：

借：无形资产——土地使用权　　　45000

　　贷：银行存款　　　　　　　　　　　　45000

【例 5】某房地产开发企业 2001 年 3 月 6 日购入国有土地一块，按规定缴纳土地出让费 15000000 元，用于房地产开发。企业按规定申报缴纳契税，当地政府规定契税税率为 5%，则应纳税额为：应纳税额 = 15000000 × 5% = 750000 元，那么该房地产应编制会计分录如下：

借：开发成本　　　　　　　　　750000

　　贷：银行存款　　　　　　　　　　　750000

二、房地产耕地占用税

1. 房地产耕地占用税的定义

耕地占用税是国家对占用耕地建房或者从事其他非农业建设的单位和个人，根据实际占用耕地面积，按照规定税额一次性征收的一种税。耕地占用税，是国家运用法律的经济手段，加强土地管理，保护土地资源的有效手段。耕地占用税属行为税范畴。

2. 房地产耕地占用税的特点

（1）具有行为税的特点，只要纳税人发生征用耕地建设或从事其他非农业建设的行为，都需进行纳税申报。

（2）具有税收用途补偿性的特点，按照"取之于土，用之于土"的原则，进行土地改良。

（3）实行一次性征收，根据税额采用一次性征收制度。

（4）耕地占用税实行从量计征的地方差别定额税，耕地占用税以县为单位，以人均耕地面积为标准，分别规定单位税额。

（5）耕地占用税征收标准的确定具有较大的灵活性。

3. 房地产耕地占用税的核算

因为耕地占用税具有一次性征收的特点，不存在与征税机关清算和结算的问题，因此企业按规定交纳的耕地占用税，可以不通过"应交税金"科目核算。此外，企业为购建固定资产而交纳的耕地占用税，作为固定资产价值的组成部分，记入"在建工程"科目；耕地占用税的会计核算因计算差错漏交税款，企业应纳耕地占用税＝适用的单位税额×实际占用的耕地面积，企业在实际缴纳时，借记"在建工程"科目，贷记"银行存款"科目，补缴耕地占用税时，分下列情况分别处理：

（1）对于工程尚未完工的，或已完工尚未投入生产经营的，按补缴税额借记"在建工程"科目，贷记"银行存款"科目。

（2）对于工程已完工并投入生产经营的，按补缴税额借记"在建工程"科目，贷记"银行存款"科目，同时，还需借记"固定资产"科目，贷记"在建工程"科目。

1）工程已完工但尚未投入生产经营，公司在实际补缴税款时，编制会计分录如下：

借：在建工程

　　贷：银行存款

2）工程已完工并投入生产经营，在实际补缴税款时，编制会计分录如下：

借：在建工程

　　贷：银行存款

同时，

借：固定资产

　　贷：在建工程

企业多缴税款，在收到退税时，可直接用"红字"冲减。

3）工程尚未完工，企业在收到退税款时，编制会计分录如下：

借：在建工程

　　贷：银行存款

4）工程已完工并已投入使用，企业在收到退税款时，编制会计分录如下：

借：在建工程

  贷：银行存款

同时，

借：固定资产

  贷：在建工程

5）工程尚未完工，公司在缴纳滞纳金时，编制会计分录如下：

借：递延资产

  贷：银行存款

6）工程已完工并投入生产经营，公司在缴纳滞纳金时，编制会计分录如下：

借：以前年度损益调整

  贷：银行存款

免征耕地占用税的单位和企业不存在相应的会计核算。

企业征用耕地获得批准后，按规定及时缴纳耕地占用税，应借记"在建工程"科目，贷记"银行存款"科目。如遇特殊情况，需补交耕地占用税时，分以下两种情况进行账务处理：

（1）工程尚未完工，或已完工尚未投入生产经营的，应借记"在建工程"科目，贷记"银行存款"科目。

（2）工程已完工并投入生产经营的，应借记"在建工程"科目，贷记"银行存款"科目，同时，由于工程完工并投入生产经营，在建工程成本已形成固定资产价值，所以，还需转入"固定资产"科目，借记"固定资产"科目，贷记"在建工程"科目。

企业购建固定资产缴纳的耕地占用税的会计核算，根据是否形成固定资产价值，分以下两种情况进行账务处理：

（1）计提工程项目应缴纳的耕地占用税，编制会计分录如下：

借：在建工程

  贷：应交税金——应交耕地占用税

（2）缴纳耕地占用税时，编制会计分录如下：

借：应交税金——应交耕地占用税

　　贷：银行存款

第三节　房地产印花税的核算

本节关键词：

房地产印花税、核算

本节内容提要：

（1）了解房地产印花税的定义。

（2）了解房地产印花税的特征。

（3）了解房地产印花税的内容。

（4）了解房地产印花税的核算。

（5）了解房地产印花税税率表。

一、房地产印花税的定义

房地产印花税是指因房地产买卖而向单位和个人征收的一种赋税，除了房地产买卖，房地产产权变动、转移等也需要对领受的房地产凭证的单位和个人征收税负。凡发生书立、使用、领受应税凭证的行为，就必须依照印花税法的有关规定履行纳税义务。

根据《中华人民共和国印花税暂行条例》规定，个人买卖房地产按交易合同记载金额的万分之五对买卖双方征收印花税。

二、房地产印花税的特征

房地产印花税的特征表现为以下几点：

（1）房地产印花税是一种国家行为，国家税务机关代表国家代行房地产税收行为。印花税在房地产领域形成了一种房地产税种，只有国家才有权利实施房地产税收行为。

（2）房地产印花税是同时针对房地产买卖、房地产产权转移变动以及相应的房地产产权凭证的书立与领受而征收的税种。

（3）房地产印花税是通过在房地产产权凭证或有关凭证上加贴印花税票的方式征收，不能多次征收，只能一次性征收完毕。

（4）税与法不可分离。"因法设税，依法治税"是税收法律化的前提。如果离开了法律的规定，房地产印花税就失去了应有的保障。除此之外，房地产其他方面的税收也离不开法律的规定。

（5）征收房地产印花税是一项严谨、规范的工作，无论国家哪个部门有权征收房地产印花税，都必须在遵守国家法律规范的前提下进行，不能随意征收。

三、房地产印花税的内容

1. 纳税人

房地产印花税的纳税人是在我国境内书立、领受应税房地产凭证的单位和个人以及在国外书立、受我国法律保护、在我国境内适用的应税房地产凭证的单位和个人。包括各类企业、事业、机关、团体、部队，以及中外合资企业、合作企业、外资企业、外国公司企业和其他经济组织及其在华机构等单位和个人，具体可分为立合同人、立账簿人、立据人、领受人和使用人。

2. 计税依据

房地产印花税的征税对象是特定行为，从价计税情况下印花税计税依据的确定方法有以下几个：

（1）各类经济合同上记载的金额、收入或费用为房地产印花税的计税依据。

（2）计税依据则是该种行为所负载的资金量或实物量，其中房地产产权转移书据印花税的计税依据是书据所载金额。

（3）房地产权利证书印花税的计税依据则是按件计收。

（4）记载资金的营业账簿，以房地产实收资本和资本公积两项合计金额为印花税的计税依据。

（5）房屋租赁合同印花税的计税依据是租赁金额。

（6）房产购销合同的计税依据是购销金额。

3. 税率

房地产印花税的税率有两种：第一种是比例税率，适用于房地产产权转移书据，税率为 0.05%，同时适用于房屋租赁合同，税率为 1%，房产购销合同，税率为 0.03%；第二种是定额税率，适用于房地产权利证书，包括房屋产权证和土地使用证，税率为每件 5 元。

4. 方法

房地产印花税纳税人根据税法规定自行计算应纳税额，购买并一次贴足印花税票（即贴花），即在书据的立据和证照的领受时，纳税义务即发生，然后贴花，并非指凭证的生效日期。

印花税的缴纳方法，主要包括自行计算应纳税额、自行购花（自行贴花）等。房地产企业针对一些凭证如一次贴花数额较大或者贴花次数比较频繁，在经过税务机关批准后，可以采用汇贴、汇缴办法进行依法纳税。其中，汇缴期限并非由房地产企业自身决定，而是取决于国家税务机关的明确规定，通常，汇缴期限不能超过 30 天。

四、房地产印花税的税金计算

（1）经济合同应纳税额的计算。纳税人书立、领受的各种应纳印花税的经济合同和具有合同性质的凭证，都必须根据合同的性质和适用的税率，合理计算应纳税额，实施自行购买印花税票，自行粘贴并注销，并依法履行纳税手续，在规定的时间内完成缴税。

经济合同和具有合同性质的凭证计算应纳税额的基本公式为：

应纳税额＝计税金额×适用税率

（2）其他凭证应纳税额的计算。房地产应计征印花税的其他凭证，主要是指营业账簿、产权转移书据和权利许可证照。

1）营业账簿。营业账簿的印花税分别按资金账簿和其他账簿计征。

资金账簿应纳印花税的计算公式为：

应纳税额＝(实收资本金＋资本公积金)×0.5‰

其他账簿应纳印花税的计算公式为：

应纳税额＝账簿件数×单位税额

2）产权转移书据应纳印花税的计算公式：

应纳税额＝产权转移书据金额×0.5‰

3）权利许可证照应纳印花税的计算公式：

应纳税额＝证照件数×单位税额

需要注意的是，房地产针对同一凭证记载有两个或两个以上经济事项的，应根据核实的税率进行计算，然后按照合计的税额贴花。反之，如果没有分别记载金额的凭证，应按最高税率计算纳税。

五、房地产印花税的核算

房地产企业缴纳的印花税不需要通过"应交税金"科目核算，可直接通过"管理费用"科目核算。房地产缴纳印花税时应借记"管理费用"科目，贷记"银行存款"科目。

针对不同数额的缴纳，核算的会计科目也不同。例如，一次缴纳印花税税额较大，需要分期摊入成本费用的，可通过"待摊费用"科目进行核算。即缴纳印花税时应借记"待摊费用"科目，贷记"银行存款"科目，分期摊销已缴纳的印花税时，应借记"管理费用"科目，贷记"待摊费用"科目。

此外，根据《企业会计准则第 21 号——租赁》规定：在租赁开始日，承租人应当将租赁开始日租赁资产公允价值与最低租赁付款额现值两者较低者作为租入资产的入账价值，将最低租赁付款额作为长期应付款的入账价值，其差额作为未确认融资费用。在租赁谈判和签订租赁合同过程中发生的，可归属于租赁项目的手续费、律师费、印花税等初始直接费用，应当计入租入资产价值，而不是确认为当期费用。

【例1】江苏某企业于2012年开业，领受房产权证、工商营业执照、商标注册证、土地使用证等，以及订立转移专用技术使用书据一件，一共需费用2500000元，订立产品销货合同记载金额6500000元，订立借款合同记载金额800000元，订立财产保险合同，其中保险费金额40000元。另外，该企业营业账簿资金账簿记载实收资本和资本公积两项合计为6500000元，其他账簿6册。计算该企业应纳印花税并编制会计分录。

领受全部许可证4件，应纳税额为：$4 \times 5 = 20$（元）

产权转移证书应税额为：$2500000 \times 0.5‰ = 1250$（元）

销售合同应纳税额为：$6500000 \times 0.3‰ = 1950$（元）

借款合同应纳税额为：$800000 \times 0.5‰ = 40$（元）

财产保险合同应计纳税额为：$40000 \times 1‰ = 40$（元）

资金账簿应纳税额为：$6500000 \times 0.5‰ = 3250$（元）

其他账簿6册应纳税额为：$5 \times 6 = 30$（元）

该企业应缴纳印花税额为：$20 + 1250 + 1950 + 40 + 40 + 3250 + 30 = 6580$（元）

实际缴纳印花税时，编制会计分录如下：

借：管理费用　　　　　　　　6580

　　贷：银行存款　　　　　　　　6580

六、房地产行业印花税税率表

表 4-1　房地产行业印花税税率表

税　目	范　围	税　率	纳税人
加工承揽合同	1. 广告，包括报纸杂志的广告认刊书，广播电台、电视台的广告播放委托书； 2. 楼宇模型制作合同； 3. 宣传品印刷合同、制作合同； 4. 标识、装饰物制作合同； 5. 房屋面积预算（测算）合同	按加工或承揽收入的 0.5‰ 贴花	立合同人
建设工程勘察设计合同	1. 岩土工程勘察； 2. 水文土地质勘察（含凿井）工程测量、工程物探合同、建设工程勘察合同	按收取费用的 0.5‰ 贴花	立合同人
货物运输合同	包括民用航空运输、铁路运输、海上运输、内河运输、公路运输和联运合同	按运输费用的 0.5‰ 贴花	立合同人
借款合同	1. 企业之间的借款合同或单据不贴花； 2. 集团内部企业之间不征税	按借款金额的 0.5‰ 贴花	立合同人
产权转移书据	1. 土地使用权出让合同，土地使用权转让合同按产权转移书据征收印花税； 2. 商品房销售合同	按所载金额的 0.5‰ 贴花	立据人
营业账簿	1. "实收资本"和"资本公积"科目金额增加后，应就增加的金额补贴印花； 2. 资本公积转实收资本不需贴花	记载资金的账簿，按实收资本和资本公积合计金额的 0.5‰ 贴花。其他账簿按件贴花 5 元	立账簿人
购销合同	材料或设备采购合同，其中供货包安装的，如安装无须资质的，例如门、抽油烟机等，属于购销合同；需要资质安装的，属于建筑安装工程承包合同	按购销金额的 0.3‰ 贴花	立合同人
建筑安装工程承包合同	1. 装饰、涂装、装修； 2. 施工合同； 3. 安装合同	按承包金额的 0.3‰ 贴花	立合同人
技术合同	包括技术开发、转让、咨询、服务等合同	按所载金额的 0.3‰ 贴花	立合同人
财产租赁合同	租赁办公、展览场所	按租赁金额的 1‰ 贴花，税额不足 1 元的，按 1 元贴花	立合同人
仓储保管合同	包括技术开发、转让、咨询、服务等合同	按仓储保管费用的 1‰ 贴花	立合同人
财产保险合同	企业与保险公司签订的财产保险合同，保险合同适用的，按规定贴花	按保险金额的 1‰ 贴花	立合同人
权利、许可证照		按件贴花 5 元	领受人

第四节　房地产城建税和教育费附加的核算

本节关键词：

房地产城建税、教育费附加、核算

本节内容提要：

（1）了解房地产城建税。

（2）了解房地产城建税的特点。

（3）了解房地产城建税的核算。

（4）了解房地产教育费附加的定义。

（5）了解房地产教育费附加的核算。

一、房地产城建税

1. 房地产城建税的定义

城建税，是城市维护建设税的简称，房地产城建税是为了加强我国城市的维护建设，从而稳定城市维护建设的资金来源。因此，展开对我国有经营收入的各单位以及个人征收的一种税。

《中华人民共和国城市维护建设税暂行条例》第三条规定：城市维护建设税，以纳税人实际缴纳的产品税、增值税、营业税税额为计税依据，分别与产品税、增值税、营业税同时缴纳。第五条规定：城市维护建设税的征收、管理、纳税环节、奖罚等事项，比照产品税、增值税、营业税的有关规定办理。

2. 房地产城建税的特点

（1）具有收益型。由于财政需求，税收以及其他政府收入必须纳入国家预算，国家对各种税收的使用未做出明确规定，会根据需求分别安排各种税收的用途。不过，城建税例外，城市维护建设税专款专用，主要用来保证城市公共事业和公共设施的维护和建设。由此可见，城建税具有明确的使用方向，属于具有受益税性质的税种。

（2）属于附加税。城建税与其他税种不同，它并没有独立的征税对象或税基，主要以增值税、消费税、营业税"三税"实际缴纳的税额总和为计税依据，随"三税"同时附征，城建税本质上属于一种附加税。

（3）根据城镇规模设计税率。通常情况下，一个城镇所需资金与规模成正比。一个城镇规模越大，所需要的建设与维护资金越多；反之，则越少。与此相适应，《中华人民共和国城市维护建设税暂行条例》规定：纳税人所在地为城市市区的，税率为7%；纳税人所在地为县城、建制镇的，税率为5%；纳税人所在地不在城市市区、县城或建制镇的，税率为1%。这种根据城镇规模不同差别设置税率的办法，满足了城市建设的不同需要。

（4）征收范围较广。由于城建税属于附加税，正常情况下，只要缴纳增值税、消费税、营业税中任一税种的纳税人都要缴纳城建税。"三税"减免，城建税也减免。由此可以看出，城建税的征收范围比较广泛，没有特殊情况的话，许多单位和个人都需要缴纳城建税。

3. 房地产城建税的核算

房地产应设置"主营业务税金及附加"账户和"应交税金——应交城建税"账户。主要用来核算城建税的缴纳情况。

【例1】湖北某企业经计算，2008年9月应缴纳城建税18000元，已于次月缴纳了该项税款。

9月计算出应交城建税时，编制会计分录如下：

借：主营业务税金及附加　　　　　　180000

　　贷：应交税金——应交城建税　　　　　　180000

10月实际缴纳时，编制会计分录如下：

借：应交税金——应交城建税　　　　180000

　　贷：银行存款　　　　　　　　　　　　180000

4. 城建税的征收管理

（1）纳税人直接缴纳"三税"的，在缴纳"三税"地缴纳城建税。

（2）代扣代缴的纳税地点。代征、代扣、代缴"三税"的，同时代征、代扣、代缴城市维护建设税。

（3）银行纳税地点。各银行缴纳的营业税，均由取得业务收入的核算单位在当地缴纳。

二、房地产教育费附加

1. 教育费附加的定义

教育费附加是对缴纳增值税、消费税、营业税的单位和个人征收的一种附加费。教育费附加征收率：根据国务院《关于教育费附加征收问题的紧急通知》的精神，教育费附加征收率为"三税"税额的3%。

2. 房地产教育费附加的费额计算

以纳税人实际缴纳的增值税、消费税、营业税的税额为计费依据。计算公式为：

应纳教育费附加＝实际缴纳的增值税、消费税、营业税三税税额×3%

3. 房地产教育费附加的核算

教育费附加是国家为了发展地方教育事业而随同"三税"同时征收的一种附加费，严格来说不属于税收范畴，但由于同城建税类似，所以，也可以视同税款进行核算。教育费附加征收对象、计费依据、计算方法和征收管理与城建税相同。房地产企业对教育费附加通过"应交税费——应交教育费附加"明细科目核算。

【例2】黑龙江某公司在市区，于2012年9月实际缴纳增值税款为4200000元，消费税款为900000元，计算城建税、教育费附加的金额，同时做会计分录。

交纳城建税和教育费附加：

应纳城建税额＝（4200000＋900000）×7%＝357000（元）

应交的教育费附加 = (4200000 + 900000) × 3% = 153000 （元）

该公司编制会计分录如下：

借：营业税金及附加　　　　　　　　　　510000

　　贷：应交税费——应交城市维护建设税　　　　357000

　　　　　　　——应交教育费附加　　　　　　153000

借：应交税费——应交城市维护建设税　　357000

　　　　　——应交教育费附加　　　　　153000

　　贷：银行存款　　　　　　　　　　　　　　510000

第五章 房地产的成本及费用

第一节 房地产成本核算的基本要求

本节关键词：

房地产成本核算、要求、意义

本节内容提要：

（1）了解房地产成本核算的定义。

（2）了解房地产成本核算的任务。

（3）了解房地产成本核算的基本要求。

一、房地产成本核算的定义

房地产成本核算是指房地产将经营活动中所产生的各项费用，按照一定的原则和标准进行合理的归集和分配，从而计算出各自费用的总成本和单位成本。

二、房地产成本核算的任务

公司房地产生产成本核算的任务主要体现为以下内容：

（1）房地产会计应建立和完善成本核算基础工作，以达到合理确定成本计算对象的目的。

（2）房地产会计应采用一系列方法正确归集和分配生产成本及费用，以提供及时、准确、完整的成本核算资料，便于房地产企业使用。

（3）房地产会计在进行成本核算时，能够及时发现成本管理中存在的不足之处，寻求降低成本的最佳途径。

三、房地产成本核算的意义

房地产成本核算的意义主要表现为以下内容：

（1）房地产成本核算主要以会计核算为基础，它是房地产成本管理工作的重要环节，房地产会计应妥善处理会计核算，它不仅关乎房地产的成本预算、计划和分析等工作，对于管理人员的经营决策起到重大作用。

（2）房地产通过成本核算，可以有效检查、综合了解成本计划的执行情况，从而全面了解成本控制概况，以及对成本控制的绩效以及成本管理水平进行检查和测量，从而降低成本，有助于房地产企业的可持续发展。

四、房地产成本核算的基本要求

房地产成本计算过程主要体现在对费用的归集和合理分配，无论房地产的经营规模大小，都必须对费用进行归集以及分配。因此，房地产企业想要做好成本核算工作，需要明确成本核算的基本要求。

1. 明确房地产成本核算的主要工作内容

房地产企业在进行成本核算时，必须明确主要工作内容：

（1）房地产企业只有建立健全原始记录，才能合理、正确地进行成本核算工作。

（2）房地产企业应建立并严格执行材料的计量、检验、领发料、盘点、退库等制度，规范各部门工作人员的行为。

（3）房地产企业应建立健全原材料、燃料、动力、工时等消耗定额。

（4）工作人员必须严格遵守有关成本额核算的各项制度规定，并根据具体情况确定成本核算的组织方式。

2. 明确收益性支出与资本性支出的界限

明确收益性支出与资本性支出的界限，是房地产进行成本核算的首要任务，凡支出的效益涉及一个营业周期的，应当作为收益性支出，计入当期损益；凡支出的效益涉及几个营业周期的，应当作为资本性支出，反映企业的财务状况。

3. 明确生产经营支出与营业外支出的界限

明确生产经营支出与营业外支出的界限，是房地产企业进行成本核算不可缺少的一个环节。生产经营支出是指房地产发生的与其生产经营活动直接相关的各项支出，包括资产购置支出、产品制造支出以及各种费用支出。

营业外支出是指房地产发生的与其自身经营活动没有直接关系的各项支出。包括固定资产盘亏、处置固定资产净损失、处置无形资产净损失、债务重组损失、计提的无形资产减值准备、计提的固定资产减值准备、计提的在建工程减值准备、罚款支出、捐赠支出、非常损失等。需要注意的是，营业外支出与企业经营活动没有直接关系，无法计入企业的成本或费用。

4. 明确产品成本与期间费用的区别

成本是房地产企业在产品制造过程中所发生的成本，包括所有与生产有关的生产成本，无论是直接生产成本还是间接生产成本，制造成本通常由直接材料、直接人工和制造费用构成。一般情况下，房地产企业发生的生产费用应计入产品的制造成本，产品成本要在产品卖出后才计入当期损益。而企业的期间费用主要包括营业费用、管理费用和财务费用，期间费用在发生时直接计入当期损益。

5. 明确不同会计期间产品成本的区别

企业的会计核算应当以权责发生制为前提。凡是当期已经实现的收入和当期已经发生的或应当负担的费用，全部计入当期的收入和费用；反之，如果不在当期收入和费用的范畴内，即使款项已在当期收付，也无法作为当期的收入和费用。例如，预付两年的保险费，应在 24 个月内分期计入成本、费用；那些本期尚未支付而应由本期负担的费用，应预提计入本期产品成本。

6. 房地产企业应严格遵守成本开支的范围规定

成本开支范围主要是国家根据企业在生产经营期间所发生费用的特殊性质，做出统一规定，目的是使产品成本能正确反映企业生产消耗水平，使各企业的成本开支口径一致。

应该计入成本、费用的支出主要包括以下内容：

（1）生产经营过程中实际消耗的原材料、辅助材料、备品配件、外购半成品、燃料、动力、包装物的原价和运输、装卸、整理等费用。

（2）企业直接从事产品生产人员的工资和提取的福利费。

（3）固定资产折旧费、租赁费、修理费和低值易耗品的摊销费等。

（4）其他为组织管理生产、经营活动所发生的制造费用、管理费用、财务费用和营业费用，其中制造费用应计入产品成本，管理费用、财务费用和营业费用不计入产品成本。

企业发生的不应计入成本、费用的支出包括以下内容：

（1）购置和建造固定资产的支出，购入无形资产和其他资产的支出。

（2）对外界的投资以及分配给投资者的利润。

（3）被没收的财物以及支付的各项滞纳金、罚款以及企业自愿赞助、捐赠的支出。

（4）公积金、公益金中的支出。

（5）国家法律、法规规定以外的各种支出以及国家规定不得列入成本费用的其他支出。

7. 确定房地产核算的规则

为了更好地进行房地产成本核算，工作人员应遵循成本核算的规则：

（1）合理可靠规则，是指房地产在生产经营过程中所发生的费用必须符合法律规定，房地产所提供的费用信息必须真实有效，具有一定的可靠性。

（2）权责发生制规则，是指房地产在经营期间发生的费用，应由本期成本负担的费用，不论是否已经支付，都必须计入费用。

（3）准确性规则，是指房地产在进行成本核算时所采用的方法以及提供的核算信息必须准确无误，前后连贯，互相可比。

（4）中心制规则，在核算成本期间，对于房地产有重要影响的项目，应特殊对待，认真处理，力求精准处理。

第二节　房地产开发成本的计算与结转

本节关键词：

房地产开发成本、计算、结转

本节内容提要：

（1）了解房地产开发成本的定义。

（2）了解房地产开发成本的组成。

（3）了解房地产开发土地的归类。

（4）了解土地开发成本核算对象的确定。

（5）了解房地产开发成本的计算与结转。

一、房地产开发成本的定义

房地产开发成本是指房地产企业为了出售商品得到更好的收益从而投入的一系列费用，包括分摊的配套设施费、环境绿化费和外管网等一系列费用。

二、房地产开发成本的组成

房地产开发成本的主要组成部分包括土地使用权出让金、土地征用及拆迁安置补偿费、前期工程费、建安工程费、基础设施费、公共配套设施费、不可预见费和开发期间税费等。

三、房地产开发土地的归类

按照土地用途，可以将房地产土地归类为两大类。

1. 带有商品性质的土地

是指房地产为了转让、出租而开发的土地，这些土地带有商品意义，也是房地产最终开发的产品，它的费用需要单独构成土地开发的成本。

在我国现行会计制度中设置的"开发成本——土地开发成本"科目，它核算的内容是房地产为开发商品房、出租房等而开发的土地，它的费用需要计入有关房屋的开发成本，因此需要在"开发成本——房屋开发成本"科目进行核算。

2. 房地产自用土地

是指房地产开发商品房、出租房等而开发的，为房地产自己所用的土地，期间产生的费用需要计入商品房、出租房等有关房屋开发成本。

如果房地产开发的自用土地分不清负担对象，需要由不少于两个的核算对象负担。这种情况下，它的费用可以先通过"开发成本——土地开发成本"科目进行归集，待土地开发完成投入使用时，再计入详细的成本。

四、土地开发成本核算对象的确定

为了便于归集和结转土地开发成本和单独对土地开发成本项目进行核算，需要按照以下原则对土地开发成本的核算对象进行确认：

（1）对开发面积较小且开发时间较短的土地，可以单独进行成本核算。

（2）对开发面积较大且耗费时间较长的土地，可以作为某特定区域的成本核算对象。

五、土地开发成本项目的设置

房地产土地开发成本项目要根据土地自身的属性而设置，可以从多方面进行考虑，例如设计要求、开发程度和大小。由于开发所需成本内容不尽相同，房地产企业需从所开发土地的实际情况出发。同时，在依法遵守相关法律法规的前提下，设置土地开发项目的成本项目。一般而言，特殊情况下可以不设置成本项目。例如，会计制度规定的建筑安装工程费和配套设施费等可以不设置。

通常情况下，房地产企业需要设置以下几个项目：

（1）土地征用及拆迁补偿费，指房地产为了开发土地而发生的所有费用，包括土地征用费、耕地占用税、土地变更用途、超面积补交的地价、劳动力安置费及有关地上、地下物拆迁补偿费等。

（2）前期工程费，指房地产在取得土地开发权后，对土地开发项目前期工程发生的费用，包括筹建费、规划、设计费、项目可行性研究费、水电气费、地质勘察、测绘费、临时设施费等。

（3）基础设施费，指土地开发过程中发生的各种基础设施费，包括道路、供水、供电、供气、排污、排洪、通信等设施费用。

（4）开发间接费，指房地产企业内部在开发商品时产生的所有费用。

六、土地开发成本的核算

房地产可以分别设置"商品性土地开发成本"和"自用土地开发成本"两个二级账户，并按成本核算对象和成本项目设置明细分类账。主要用来核算土地征用及拆迁补偿费、前期工程费、基础设施费等土地开发支出，可直接记入各土地开发成本明细分类账，并记入"开发成本——商品性土地开发成本"、"开发成本——自用土地开发成本"账户的借方和"银行存款"、"应付账款——应付工程款"等账户的贷方。发生的开发间接费用，应先在"开发间接费用"账户进行核算，于月终再按一定标准分配计入有关开发成本。应由商品性土地开发成本负担的开发间接费，应记入"开发成本——商品性土地开发成本"账户的借方和"开发间接费用"账户的贷方。

【例1】甲公司在2009年产生了开发土地业务，共发生了下列有关土地开发支出：

项目	商品性土地	自用土地
支付征地拆迁费	80000元	70000元
支付承包设计单位前期工程款	30000元	20000元
应付承包施工单位基础设施款	26000元	19000元
分配开发间接费	11000元	
合计	147000元	109000元

则在用银行存款支付征地拆迁费时，应编制会计分录如下：

借：开发成本——商品性土地开发成本　　　80000

　　　　　——自用土地开发成本　　　70000

　　贷：银行存款　　　　　　　　　　　　　　　15000

用银行存款支付设计单位前期工程款时，应编制会计分录如下：

借：开发成本——商品性土地开发成本　　　30000

　　　　　——自用土地开发成本　　　20000

　　贷：银行存款　　　　　　　　　　　　　　　50000

将应付施工企业基础设施工程款入账时，应编制会计分录如下：

借：开发成本——商品性土地开发成本　　　26000

　　　　　——自用土地开发成本　　　19000

　　贷：应付账款——应付工程款　　　　　　　　45000

分配应记入商品性土地开发成本的开发间接费用时，应编制会计分录如下：

借：开发成本——商品性土地开发成本　　　11000

　　贷：开发间接费用　　　　　　　　　　　　　11000

同时应将各项土地开发支出分别记入商品性土地开发成本、自用土地开发成本明细分类账。

七、已完土地开发成本的结转

对于房地产已完成土地开发成本的结转，工作人员需根据已完成开发土地的用途，采用不同的成本结转方法。

为转让、出租而开发的商品性土地，在开发完成并经验收后，应将其实际成本自"开发成本——商品性土地开发成本"账户的贷方转入"开发产品——土地"账户的借方。

【例2】某房地产开发企业商品性土地经开发完成并验收，加上上月开发支出共计1025000元，应编制会计分录如下：

借：开发产品——土地　　　　　　　　　　1025000

贷：开发成本——商品性土地开发成本　　　　　　1025000

第三节　房地产成本核算的流程

本节关键词：

房地产成本核算、流程

本节内容提要：

(1) 了解房地产成本核算流程的含义。

(2) 了解房地产成本核算的原则。

(3) 了解房地产成本核算流程的内容。

(4) 了解房地产成本核算的主要流程。

一、房地产成本核算流程的含义

房地产成本核算流程是指房地产企业从事经营活动从发生到完工所需的生产费用，计算整个成本的过程。

二、房地产成本核算的原则

房地产成本核算的要求主要包括以下内容：

（1）正确、合理划分生产经营过程中发生的各种费用的界限。

（2）必须做好各项基础工作，采用适当的成本计算方法。

三、房地产成本核算流程的内容

成本核算流程主要包括以下几个内容：

（1）区分产品成本和期间费用，期间费用的高低与期间长短成正比，而产品成本则刚好相反，产量越大，成本越高；反之成本越低。

（2）生产费用支出的审核。房地产工作人员需对发生的各项生产费用支出进行综合审核，前提是必须严格遵循国家、上级主管部门和本企业的有关制度、规定。

（3）确定成本计算对象和成本项目，开设产品成本明细账。通常情况下，房地产企业的生产类型不同，对成本管理的要求也不同。所以，成本计算对象和成本项目也不尽相同，房地产企业要想做好成本核算需按照企业自身的特点，从实际情况出发，确定成本计算对象和成本项目。需要补充的是，企业还需开设产品成本明细账。

（4）进行要素费用的分配。房地产应对发生的各项要素费用进行综合汇总，编制各种要素费用分配表，按其用途分配计入有关生产成本明细账。此后，再进行综合费用分配。

（5）进行完工产品成本与在产品成本的划分。划分时需结合上述要素和综合费用的分配，将房地产在生产经营活动中产生的各项费用进行综合合理分配。然后，合理计算出产品的总成本和单位成本。

四、房地产成本核算的主要流程

房地产开发成本的核算是指房地产企业将开发一定数量的商品房所支出的全部费用按成本项目进行归集和分配，目的是计算出开发项目总成本和单位建筑面积成本的过程。

开发产品成本的核算流程如下：

1. 归集开发产品费用

房地产开发规模与开发成本对象有关，对于不同规模的开发，成本归集对象也不尽相同。对于不同规模的开发，分别阐述：

（1）对于小规模的开发，如单幢或几幢房屋的开发，这个问题比较容易解决，可以将全部开发量作为成本归集对象，设立一个成本核算单位。

（2）但是对大规模的开发，如街坊改造或小区开发，就必须科学地确定成本归集对象。在这种情况下，成本核算不能过细，因为许多直接开发费用很难分摊到每幢房屋，这样势必会增加工作量，使核算工作烦琐化。

在项目开发过程中所发生的费用分别计入不同的账户，记录内容如下所示：

（1）在房地产项目开发过程中发生的各项直接开发费用，直接计入各成本核算对象，即借记"开发成本"总分类账户和明细分类账户，贷记有关账户。

（2）为项目开发服务所发生的各项开发间接费用，不妨先归集到"开发间接费"账户，即借方登记"开发间接费"总分类账户和明细分类账户，贷记有关账户。

（3）将"开发间接费"账户归集的开发间接费，可以依照相关办法计入各开发成本核算对象，即借记"开发成本"总分类账户和明细分类账户，贷记"开发间接费"账户。

2. 合理划分成本项目

为了客观反映产品成本的结构，按现行的《房地产开发企业会计制度》规定，"开发成本"作为一级成本核算科目，企业应在该科目下，根据业务选择成本项目，并据此进行明细核算。

选择成本需要注意以下内容：

（1）选择成本项目越少越好。

（2）对于发生次数较少，特别是单笔发生的费用，可以合并处理。

（3）对金额较大并陆续发生的费用应单独设立科目核算。

为核算房地产企业的开发成本，工作人员可根据企业自身经营开发的业务要求，设置下列账户：

（1）"开发成本"账户。房地产企业可以设置"开发成本"账户，主要用来核算房地产开发企业在土地、房屋、配套设施和代建工程的开发过程中所发生的各项费用。"开发成本"账户借方登记企业在土地、房屋、配套设施和代建工程的开发过程中所发生的各项费用，贷方登记开发完成已竣工验收的开发产品的实际成本。借方余额反映未完开发项目的实际成本。本账户应按开发成本的种类，如"土地开发"、"房屋开发"、"配套设施开发"和"代建工程开发"等设置二级明细账户，并在二级明细账户下，按成本核算对象进行明细核算。

（2）"开发间接费"账户。房地产可以设置"开发间接费"账户，主要用来核算房地产开发企业内部独立核算单位为开发产品而发生的各项间接费用，包括工资、福利费、折旧费、修理费、办公费、水电费、劳动保护费、周转房摊销等。"开发间接费"账户借方登记企业内部独立核算单位为开发产品而发生的各项间接费用，贷方登记分配计入开发成本各成本核算对象的开发间接费。月末本账户无余额。本账户应按企业内部不同的单位、部门设置明细账户。

按现行的《房地产开发企业会计制度》规定，间接费用应作为期间费用，直接计入当期损益。

3. 计算并结转已完开发产品实际成本

房地产会计计算已完开发项目从筹建至竣工验收的全部开发成本，借记"开发产品"账户，贷记"开发成本"账户。然后，工作人员根据已完开发产品的实际功能和去向，将开发产品实际成本结转进有关账户，借记"经营成本"、"分期收款开发产品"、"出租开发产品"、"周转房"等账户，贷记"开发产品"账户。

第四节　房地产期间费用的核算

本节关键词：

房地产期间费用、核算

本节内容提要：

（1）了解房地产期间费用的定义。

（2）了解房地产期间费用的内容。

（3）了解房地产销售费用的核算。

（4）了解房地产管理费用的定义。

（5）了解房地产管理费用的核算。

（6）了解房地产财务费用的定义。

（7）了解房地产财务费用的核算。

一、房地产期间费用的定义

房地产期间费用是指不能直接归属于某个特定产品成本的费用。它是随着时间推移而发生的与当期产品管理和产品销售直接相关，而与产品的产量、制造过程无直接关系，即容易确定其发生期间，而难以判别其所应归属的产品，因而不能列入产品制造成本，而应在发生当期从损益中扣除。

二、房地产期间费用的内容

房地产期间费用的三大部分：直接从企业当期产品销售收入中扣除的销售费用、管理费用和财务费用。

1. 销售费用

（1）销售费用的定义。销售费用是指房地产企业在销售产品、自制半成品和提供劳务等过程中发生的各项费用。包括由企业负担的包装费、运输费、广告费、装卸费、保险费、委托代销手续费、展览费、租赁费（不含融资租赁费）和销售服务费、销售部门人员工资、职工福利费、差旅费、折旧费、修理费、物料消耗、低值易耗品摊销以及其他经费等。与销售有关的差旅费应计入销售费用。

（2）销售费用的核算。房地产在销售商品过程中产生的包装费、保险费、展览费和广告费、运输费、装卸费等费用，借记"销售费用"科目，贷记"库存现金"、"银行存款"科目。房地产企业发生的为销售商品而专门发放的员工报酬等经营费用，借记"营销费用"，贷记"应付职工薪酬"、"银行存款"、"累计折旧"等科目。期末，房地产企业需要将销售费用的余额转入"本年利润"科目，结转后销售费用无余额。

【例1】甲公司2008年2月3日销售商品，在销售过程中，甲公司承担了运输费3000元，装卸费1000元，均用银行存款支付，那么甲公司应编制会计分录如下：

借：销售费用——运输费　　　　　3000
　　　　　——装卸费　　　　　1000
　　贷：银行存款　　　　　　　　　　　　4000

【例2】甲公司2008年2月9日用银行存款支付产品展销费用6000元，应编制会计分录如下：

借：销售费用——展销费　　　　　6000
　　贷：银行存款　　　　　　　　　　　　6000

2. 管理费用

（1）管理费用的定义。管理费用是指房地产企业行政管理部门为组织和管理生产经营活动而发生的所有费用。管理费用属于期间费用，在发生当期计入当期损益。

管理费用主要包括公司经费、职工教育经费、业务招待费、税金、技术转让费、无形资产摊销、咨询费、诉讼费、开办费摊销、上缴上级管理费、劳动保险费、待业保险费、职工福利费、差旅费、办公费、董事会会费、折旧费、修理费、物料消耗、低值易耗品摊销、退休金、价格补贴、医药费（包括离退休人员参加医疗保险基金）、异地安家费、职工退职金、职工死亡丧葬补助费、抚恤费、按规定支付给离休干部的各项经费以及实行社会统筹基金、差旅费和会议费等。

《中华人民共和国企业所得税法》第四十三条明确规定：企业发生的与生产经营活动有关的业务招待费支出，按照发生额的60%扣除，但最高不得超过当年销售（营业）收入的5‰。销售（营业）收入包括主营业务收入和其他业务收入。

（2）管理费用的核算。商品流通企业可不设置管理科目，而在"营业费用"科目核算管理费用。房地产筹建期间发生的人员工资、办公费、培训费、差旅费、印刷费、注册登记费以及不计入固定资产成本的借款费用等，在实际发生时，借记"管理费用"，贷记"银行存款"等科目。对于行政管理部门人员的工资，借记"管理费用"，贷记"应付职工薪酬"科目。行政管理部门的固定资产折旧，借记"管理费用"，贷记"累计折旧"科目。

发生的办公费、水电费、业务招待费、咨询费、诉讼费、技术转让费、研究费用，借记"管理费用"科目，贷记"银行存款"、"研发支出"等科目。按规定计算确定的应交矿产资源补偿费、房产税、车船使用税、土地使用税，借记"管理费用"科目，贷记"应交税费"科目。期末，将管理费用的余额转入"本年利润"科目，结转后本科目应无余额。

【例3】甲公司2012年3月4日发生业务招待费6000元，分配管理人员工资8000元。那么，甲公司应编制会计分录如下：

借：管理费用——业务招待费　　　　6000

　　　　　　——工资　　　　　　　8000

　　贷：银行存款　　　　　　　　　　　　　6000

　　　　应付职工薪酬——工资　　　　　　　8000

【例4】某家公司2013年3月2日购买印花税票，支付现金200元，那么，甲公司应编制会计分录如下：

借：管理费用　　　　　　　　　200

　　贷：银行存款　　　　　　　　　　200

【例5】甲公司月末结转应付房产税5000元，车船使用税6000元，土地使用税9000元，共计20000元，那么，甲公司应编制会计分录如下：

借：管理费用　　　　　　　　20000

　　贷：应交税金　　　　　　　　　20000

3. 财务费用

（1）财务费用的定义。财务费用是指企业为筹集生产经营所需资金等而发生的费用，包括应作为期间费用的利息支出（减利息收入）、汇兑损失（减汇兑收益）以及相关的手续费等。

（2）财务费用的核算。企业发生的财务费用在"财务费用"科目核算，并按费用项目设置明细账进行明细核算。企业发生的各项财务费用，借记"财务费用"科目，贷记"银行存款"、"预提费用"等科目，企业发生的利息收入、汇兑收益冲减借方余额。月终，将借方归集的全部财务费用由"财务费用"科目的贷方转入"本年利润"科目的借方，计入当期损益。结转当期服务费用后，"财务费用"科目期末无余额。

【例6】甲公司2012年4月28日用银行存款支付当月短期借款利息30000元，那么甲公司编制会计分录如下：

借：财务费用——利息支出　　　30000

　　贷：银行存款　　　　　　　　　30000

第六章 房地产存货的核算

第一节 房地产存货的内容和计价

本节关键词：

房地产存货、计价

本节内容提要：

（1）了解房地产存货的概念。

（2）了解房地产存货的确认。

（3）了解房地产存货的计价。

一、房地产存货的概念

存货，是指房地产企业在日常经营活动中，持有一定数额的产成品或商品，它们是处在生产过程中的在产品、在生产过程或提供劳务过程中耗用的材料和物料等。存货的最终目的其实是为了出售。

由于房地产的经营项目主要是房屋、建筑及公共配套设置等。开发经营方式也是多种多样，费用极其复杂。依照存货独特的自身特点，可以看出存货的范围比较广。按照其各自用途不同，大致可以分为以下几类：

（1）材料类存货：指的是房地产用于开发土地时所用的房屋、建筑物所用的所有物资。例如水泥、钢筋、木材等。它最大的特点就是在开发经营的过程中改变其性质。

（2）设备类存货：指的是房地产开发经营期间所用的各种设备。例如电梯、通风设置等。这一类存货的性质其实类似于库存材料，在开发投入的过程中全部一次性转到开发产品的成本中。因此，它并不能作为固定的资产来核算。

（3）低值易耗品：指的是相对价值较低，也比较容易损坏，使用期限相对之前来讲比较短。在使用过程中也一般保持原有形态。例如玻璃器皿。

（4）成品类存货：指的是各种已经开发完成建设全过程，并且可以按照合同使用或者对外销售的开发产品，包括房产及土地。

（5）开发用品类存货：企业进行房地产开发时的必备品，包括低值易耗品和其他用品。

（6）在建开发产品：指的是房地产企业在建设过程中尚未完工的土地和房屋，性质为正在建设。

按照房地产规定，要想确定是不是存货，需要满足一个条件，即与存货有关系的经济利益很可能流入企业。

二、房地产存货的确认

存货确认指的是用存货范围和期限来确定是否属于企业存货。一般来说，不论存放地点是否在企业，存货确认以盘存日期存货所有权为准。因此，存货应在盘存日期内取得产权时确认。

存货核算主要取决于存货数量和存货计价方法，存货数量又是存货计价的前提。存货数量的方法有实地盘存制和永续盘存制两种。

（1）实地盘存制是在期末通过实物盘点确定库存的存货数量，可以免去使用账面连续记录的工作。房地产企业通过期末盘点，最终得出本期存货发出的数量，其计算公式为：

本期库存发出数量=期初存货结存数量+本期收入存货数量−期末盘点存

货数量

实地盘存制的优点是设置简单，记账工作量小；缺点是无法及时反映各种存货的收发情况，手续不够严密，物品的丢失、损耗、短缺在账面上没有反映，盘点工作量大，准确性低。

（2）永续盘存制是按照存货的品种、规格设置明细账，对日常发生的存货增减，根据会计凭证进行登记，并随时计算结存数量。计算公式为：

期末存货结存数量＝期初存货结存数量＋本期收入存货数量－本期发出存货数量

永续存盘制的优点是可以加强对库存物品的管理，能够及时提供每种存货的收发存资料，对数量和金额进行控制。当存货发生溢余和短缺时，可以迅速查明原因，及时纠正。但是明细核查的工作量大。

三、房地产存货的计价

根据《企业会计准则》，各项财产的物资按照取得时的实际成本计价。存货根据来源不同，其价值构成的内容也不同。

1. 房地产开发企业存货入账的计价方法

（1）购入的存货，实际成本如下：

买价：指房地产企业在购入存货时的货款金额。

运杂费：指货物抵运仓库前所发生的运输费、装卸费、包装费、仓储费和保险费等。流通环节交纳的税金、应分摊的外汇价差，如果是进口材料，还包括关税等。

采购保管费：指企业的物资采购供应部门和储存仓库在进行物资采购、供应、保管和收发过程中发生的各项费用，如采购人员的工资、福利、差旅费、办公费、材料物资盘亏及毁损、折旧费等内容。

（2）企业自制的存货。企业自制存货的实际成本包括制造或建造过程中发生的各项实际费用的支出。如由房地产开发企业自营施工建设的开发项目所发生的材料费、人工费、机械使用费等一系列费用。

（3）委托外单位加工的存货。委托外单位加工存货的实际成本，主要是在产品加工过程中实际耗费的所有材料，包括加工费、运输费、装卸费、税金等。采用出包方式施工的开发工程的实际成本是支付给承包施工企业的工程价款。

（4）投资者投入的存货。投资者投入存货的实际成本是经过评估机构来评估确认合同、协议双方约定的价值。

（5）盘盈的存货。盘盈存货的实际成本是同类存货的实际成本，没有实际成本的则按照同类存货市场价格进行计价。

（6）接受捐赠的存货。接受捐赠的存货的实际成本按照发票账单所列金额及企业所承担的运杂费、保险费和税金，没有发票账单的，按照同类存货的市场价格进行计价。

2.存货发出的计价方法

企业的经营性质不同，经营规模不同，导致存货的收发数量和次数有所不同，所以选用存货计价的方法也不一样。发出计价的方法可以分为两种：按实际成本计价和按计划成本计价。

（1）按照实际成本计价。企业发出存货按照实际成本进行核算，有五种方法：

1）先进先出法。这种方法是假定先收到存货先售出，根据这种假定的成本流转次序对先发出存货进行计价。接收存货，按照顺序登记每批存货的数量、单价、金额，按照先进先出的原则登记存货发出和结存金额。

2）加权平均法。这种方法是用各期末以期初存货数量和本期收入存货数量之和，计算出该期存货平均单位成本。计算公式为：

$$加权平均单价 = \frac{期初结存存货实际成本 + 本期收入存货实际成本}{期初结存存货的数量 + 本期收入存货的数量}$$

本期耗用（销售）存货成本 = 本期耗用（销售）存货数量×加权平均单位成本

期末结存存货 = 期末结存存货数量×加权平均单位成本

加权平均法的优点是计算方法简单，在存货明细账栏中只登记存货数量，不登记金额，在期末汇总登记计算平均单价再填写发出存货的实际成本。

3）移动加权平均法。这种方法是在每次收货后，根据库存数量和总成本，计算出存货的平均单价，发出时按照最后一次平均单价进行计价。计算公式为：

$$新加权平均单价 = \frac{以前结存存货成本 + 本批收入存货成本}{以前结存存货数量 + 本批收入存货数量}$$

移动加权平均法的特点是计价的工作量比较大，适用于账面盘存制的企业。

4）后进先出法。后进先出法与先进先出法恰好相反，假定后购进的存货先进行销售或耗用，根据这假定的成本流转顺序对发出存货和结存的存货进行计价。

采用这种方法，发出的存货按照最后进货的存货单价计价，假如发出存货的数量超过最后一批进货的数量，超出部分则按照前一批收入的单价计价。但是这种方法的日常核算工作量大，在物价波动较大的情况下，与市价偏离大，不能反映当时存货的实际成本。

5）分批计价法。分批计价法又称为个别计价法，以每批存货收入时的实际单价作为该批存货的实际成本计价，期末按每批存货收入的单价计算。

采用分批计价法还必须具备两个条件：一是详细记录每批存货的情况；二是保管存货时用明确的标志区别同一品种不同批别的存货。个别计价法的保管工作比较繁重，适用于品种数量不多、价值较高的存货。

（2）按照计划成本计价。房地产开发企业在进行存货的日常核算时，除设备、开发产品、周转房等按照实际成本计价外，其他材料物资的收发、结存按照计划成本计价。

按照计划成本进行存货的收发核算时，先单独核算实际成本与计划成本的差异，转入"材料成本差异"账户；月末计算出发出存货和期末结存存货应该分摊的成本差异，计算出实际成本。

计算公式为：

$$材料成本差异率 = \frac{月初结存材料成本差异 \pm 本月收入材料成本差异额}{月初结存材料计划成本 + 本月收入材料计划成本} \times$$

100%

本期发出材料成本差异＝发出材料计划成本×材料成本差异率

本期发出材料实际成本＝发出材料计划成本＋发出材料成本差异

第二节　房地产物资的采购和收发

本节关键词：

房地产物资、收购、收发

本节内容提要：

（1）了解房地产物资采购的概念。

（2）了解房地产物资采购成本的计算。

材料、设备、低值易耗品等物资，是房地产企业生产经营活动必不可少的物质要素，是存货的重要组成部分。不同种类的物资在生产经营过程中起着不同的作用，具有不同的特点。材料和设备经过一个生产周期就被消耗掉或改变其原有的实物形态，其价值一次全部转移到开发产品中去，构成开发产品价值的重要组成部分，属于企业的劳动对象；低值易耗品能够参加多次周转而不改变其原有的实物形状，属于劳动资料，但在实际工作中，因其价值较低，又易于损坏，因此视不同材料物资进行管理和核算。

一、物资采购的概念

物资采购指的是房地产企业购入材料、商品的采购成本，商品流通企业采购商品可以不通过本科目核算。不同种类的物资在生产经营过程中起着不同的作用。材料一般经过一个生产周期就会被消耗完或者改变其该有的形态。它们的价值应该一次性全部转移到开发产品中去，构成开发产品价值的重要组成部分，属于企业的劳动对象。但是在现实生活中，因为材料本身的价格比较低，又容易损坏，所以，应该对材料的物资进行管理和核算。

二、物资采购的管理

在房地产企业中，为了保证材料物资的完整性，及时提供材料物资所需的收发和库存状态、静态指标，并且可以直接反映生产过程所需的物资和费用，必须做到以下几点：

（1）建立健全材料物资的安全完整，及时提供物资的收发和领退制度，任何材料都应进行验收和领退手续，以防材料物资的损失和浪费。

（2）物资的收发都要进行严格的审核，认真办理验收和领退手续，必须认真填写各种自制的原始凭证。发出的材料、设备都应该填制到收料单上，收入设备应该填制到退库单上。

（3）建立材料物资的盘存制度，企业应该定期清查材料物资的数量，如果清查期间出现问题应该及时进行处理，并按照规定做好记录。

（4）做好材料物资的分类和计价。其中，材料的日常核算可以使用计划成本法，也可以使用实际成本法。材料品种繁多且收发频繁的企业，一般都采用计划成本法进行正常核算。

（5）把账簿建立完全。材料物资的收发、领退要根据原始凭证、记账凭证或汇总凭证进行登记，记账凭证登记总账和明细账，并做到账账相符，材料物资的明细格式一般会采用数量、金额式等。

三、物资采购成本的计算

前文提到，购入材料物资的实际成本由买价、运杂费、流通环节税金、外汇价差和采购报管费构成，其中，材料买价和流通环节税金都要根据发票账单直接计入各种材料物资的采购成本。

（1）能分清负担的运杂费直接计入有关材料物资的采购成本。

（2）不能分清负担的运杂费按材料的重量或计价等进行分配。

采购报管费可以按照实际分配率或者计划分配率进行分配，按实际分配率分配的采购保管费，是指能够将本月发生的采购保管费按照当月购入材料物资的买价和运杂费全部分配到购入材料物资的采购成本。

按计划分配率分配采购保管费，可以均衡年内每个月采购保管费的负担，简化材料物资采购成本的计算工作。在对材料物资进行分配的时候应该按实际成本进行材料物资的日常收发计价。

第三节　房地产开发产品的核算

本节关键词：

房地产开发产品核算

本节内容提要：

（1）了解房地产开发产品的概念。

（2）了解房地产开发产品收发必须具备的手续。

（3）了解房地产报开发产品收发的账务处理。

一、房地产开发产品的概念

房地产开发产品是指企业已经完成全部开发过程，并已经验收符合设计标准，可以对外销售的产品，包括已开发完工的土地、房屋、建筑等。

1. 房地产开发土地用途

房地产企业开发的土地有两种不同的用途：一是为了出租或者有偿转让而开发的商品性建设场地；二是企业为建商品房、经营房、周转房开发自用的建设场地。

两者相比较来说：第一种属于企业的最终产品，第二种则属于企业的中间产品。如果企业开发的是自用建设场地，开发完工以后近期不使用的，也可视为最终产品。

2. 房地产开发房屋用途

按照房屋用途，房地产企业开发建设的房屋分为四类：

（1）为销售而开发建设的商品房。

（2）为出租经营而开发建设的出租房。

（3）为了安置被拆迁居民周转而开发建设的周转房。

（4）受其他单位委托代为开发建设的房屋。

3. 房地产开发配套设施

房地产开发建设的配套设施分为两大类：一类是开发项目内独立又非经营性的公共配套设施，如锅炉房、自行车棚、公厕、居委会等；另一类是城市规划中大型配套设施项目，如开发项目外为居民提供的排水、供电、供暖的增容、增压、交通道路服务，在开发项目内建立的营业性公共配套设施，如商店、银行等。

4. 房地产代建工程

房地产代建工程指的是企业接受其他单位的委托，代为开发建设工程，如市政工程。

房地产开发产品是房地产企业经营活动的最终成果，也是企业存货的重要组成部分。为保证企业经营活动的正常运转和资金正常周转，企业应加强对产品的管理与核算，保证企业的正常运转。

房地产企业开发的产品一般按照实际成本进行增加和减少的账务处理，应该计入商品房成本的非经营性配套设施。假如不能与商品房同步建成，那么，在结转公司成本的时候，应该承担的配套设施费用可以采用预提的方式计算确定。

二、房地产开发产品收发必须具备的手续

1. 验收手续

房地产开发企业开发的项目，无论采用自营方式还是出包方式，都需按

照设计要求完成构建，具备一切应用条件后，应及时办理验收交接手续。

验收交接工作由主管部门牵头，组成验收小组，成员有建设单位、设计单位、施工单位、使用单位等，负责各项验收交接工作。房地产开发企业根据施工单位提供的设计、施工验收材料和有关会计核算，进行编制并提供工程建设的概况，如工程质量、工期等资料的验收交接手续，经过双方认可并签章，以此作为核算开发产品的依据。

2. 发出手续

房地产企业在进行出售、转让或者出租产品时，都必须办理交付使用或销售的结转手续，填写交付使用、出租、销售开发产品的明细表，列出财产名称和实际成本，联通发票账单、合同等资料，作为开发产品的发出凭证。

已经办理结转手续，但还未办妥财产已交的开发产品，会计人员应另设"代管房产备查簿"进行登记，记录物品交接情况是因为物权不属于企业。

三、房地产开发产品收发的账务处理

为了正确、清楚地核算开发产品的收发、结存情况，房地产企业应设置"开发产品"账户。在此账户下，按照开发产品的种类、配套设施等设置明细账户，按成本核算对象设置账页进行明细核算。

分期收款开发产品是企业以分期收款的方式来销售开发产品。企业应在"开发产品"账户下设立"分期收款开发产品"科目，借方登记验收已开发产品的实际成本；贷方登记对外转让和销售的开发产品的实际成本。

1. 房地产开发产品增加的核算

房地产企业开发产品已经竣工，在验收时，按照实际成本借记"开发产品"账户，贷记"开发成本"账户。

【例1】2011年7月，某房地产企业根据竣工的验收单，本月完成开发产品的实际成本为30000000元，其中土地1000000元，房屋25500000元，代建工程2200000元，配套设施1300000元。会计分录如下：

借：开发产品——土地　　　　　　1000000

房屋	25500000		
代建工程	2200000		
配套设施	1300000		
贷：开发成本		30000000	

2. 房地产开发产品减少的核算

房地产企业开发产品因对外转让、销售等原因减少，根据情况进行会计处理。

（1）对外转让、销售的，借记"主营业务成本"，贷记"开发产品"。

（2）分期收款结算的，借记"分期收款开发产品"，贷记"开发产品"。

（3）出租经营的，借记"出租开发产品"或者"周转房"，贷记"开发产品——土地（房屋）"账户。

（4）营业性配套设施的，借记"固定资产"，贷记"开发产品——配套设施"。

【例2】湖南某房地产企业2011年5月完工并且已经办理验收交接的开发产品的实际成本为5340000元，月中对外销售的商品房的实际成本为2550000元，采用分期收款方式销售一栋商品房，实际成本为1600000元，出租一套房屋，实际成本为40000元，用于安置居民周转使用的房间若干，实际成本为1400000元，将完工的商店作为本企业的第三产业经营用房，实际成本为55000万元。会计分录如下：

完工验收开发产品时：

借：开发产品	5340000		
贷：开发成本		5340000	

对外销售时：

借：经营成本	2550000		
贷：开发产品		2550000	

分期收款销售时：

借：分期收款开发产品	1600000		
贷：开发产品		1600000	

出租开发房屋：

借：出租开发产品　　　　40000

　　贷：开发产品　　　　　　　　40000

安置拆迁居民周转房：

借：周转房：　　　　　1400000

　　贷：开发产品　　　　　　　1400000

商店投入第三产业使用：

借：固定资产　　　　　55000

　　贷：开发产品　　　　　　　　55000

第四节　房地产周转房的核算

本节关键词：

房地产周转房、核算

本节内容提要：

（1）了解房地产周转房的定义。

（2）了解房地产周转房的种类。

（3）了解房地产周转房的核算。

一、房地产周转房的定义

房地产周转房是指房地产企业用于安置拆迁居民周转使用，政策性出租住房俗称周转房。

二、房地产周转房的种类

（1）在开发建设过程中已明确为安置拆迁居民周转使用的房屋。

（2）房地产企业开发完成的商品房，在销售之前用于安置拆迁居民周转使用的部分。

（3）为了帮助居民临时周转使用的临时性简易房屋。

三、房地产周转房的核算

为核算房地产周转房的实际成本，可以设置"周转房"总分类账户，并在该账户下设置"在用周转房"和"周转房摊销"两个二级账户。"在用周转房"二级账户核算在用周转房实际成本，借方登记增加的在用周转房实际成本，贷方主要登记减少的在用周转房实际成本。借方余额反映在用周转房的原始价值。"周转房摊销"二级账户核算周转房的摊销价值，贷方登记按月提取的在用周转房摊销价值，借方登记改变周转房用途，对外销售应冲减已提摊销价值。贷方余额反映在用周转房的累计已提摊销价值。

1. *房地产周转房增加的核算*

房地产企业应于周转房竣工验收或投入使用时，按其实际成本，借记"周转房——在用周转房"，贷记"开发产品"、"开发成本"等。

【例1】某房地产企业特意自建一幢房屋作周转房之用，房屋已经竣工交用，实际成本2000000元，该房地产编制会计分录如下：

借：周转房——在用周转房　　　2000000

　　贷：开发产品——房屋　　　　　2000000

【例2】某房地产企业特意购置商品房作周转房，合同价款为900000元，房屋已交用，按合同开出支票250000元作首期房款。该房地产编制会计分录如下：

借：周转房——在用周转房　　　900000

贷：银行存款	250000
应付账款	650000

2. 房地产周转房摊销的核算

房地产周转房成本在周转使用过程中必须转移到受益对象的成本中去。因为房地产周转房并非只是以营利为目的，所以发生的摊销额不能计入"主营业务成本"。

房地产周转房摊销价值一般应按月计提，其计算原理类同于出租开发产品摊销额的计算。按计提的月摊销额，借记"开发成本"或"开发间接费用"等，贷记"周转房——周转房摊销"。

【例3】某房地产企业 2008 年 5 月发生摊销费用 25000 元，该周转房目前作三个开发项目拆迁居民安置周转之用。该房地产企业编制会计分录如下：

借：开发间接费用　　　　　25000
　　贷：周转房——周转房摊销　　　　25000

【例4】某房地产企业 2009 年 6 月开发项目之周转房发生摊销费 5000 元，该房地产企业编制会计分录如下：

借：开发成本　　　　　5000
　　贷：周转房——周转房摊销　　　　5000

3. 房地产周转房修理的核算

不同数额的修理费其核算方法也不同。对于数额小的修理费，可直接计入有关的开发产品成本；而对于数额较大的修理费，可先通过"待摊费用"核算，并分次摊销计入有关开发产品成本。

【例5】某房地产企业支付修理费用 4000 元，款项为银行存款支付，一次性计入开发成本，该房地产企业编制会计分录如下：

借：开发成本　　　　　4000
　　贷：银行存款　　　　　4000

【例6】江苏一家房地产企业用银行存款支付修理费用 30000 元，分 10 个月分摊，该房地产企业编制会计分录如下：

借：待摊费用　　　　　30000

　　　贷：银行存款　　　　　　　　　　　　　　30000
　　借：开发成本　　　　　　　　　　3000
　　　贷：待摊费用　　　　　　　　　　　　　　3000

4. 房地产周转房销售的核算

　　房地产企业将周转房改变用途，对外销售时，可以当作商品房销售处理。获取销售收入时，借记"银行存款"、"应收账款"等，贷记"主营业务收入——商品房销售"；结转销售成本时，应按周转房的摊余价值，借记"主营业务成本——商品房销售"，按累计已提摊销价值，借记"周转房——周转房摊销"，按周转房原始价值，贷记"周转房——在用周转房"。

　　【例7】湖北一家房地产企业将周转房转作商品房对外销售，原值3000000元，售价2800000元，200000元已收到且存入银行，该周转房累计摊销800000元。该房地产企业编制会计分录如下：

　　借：银行存款　　　　　　　　　　200000
　　　应收账款　　　　　　　　　　　2600000
　　　贷：经营收入——商品房销售收入　　2800000

　　同时，核销该房地产周转房及已计提摊销，并按摊余价值结转房屋销售成本：

　　借：经营成本——商品房销售成本　　2200000
　　　周转房——周转房摊销　　　　　　800000
　　　贷：周转房——在用周转房　　　　　3000000

　　【例8】某房地产企业的一幢周转房，在周转使用时报废。原值为700000元，已累计提取摊销695000元，残值5000元已经收到并且存入银行。该房地产企业编制会计分录如下：

　　借：银行存款　　　　　　　　　　5000
　　　周转房——周转房摊销　　　　　695000
　　　贷：周转房——在用周转房　　　　　700000

第七章 房地产对外投资与固定资产

第一节 房地产短期投资的核算

本节关键词：

房地产短期投资、核算

本节内容提要：

（1）了解房地产短期投资的概述。

（2）了解房地产短期投资的核算。

（3）了解房地产短期投资的计价。

一、房地产短期投资的概述

房地产短期投资是指企业购买股票、债券、基金等有价证券进行投资，持有时间不超过一年（含一年）。短期资金是企业投资的一种策略，当企业拥有的闲散资金较多时，存入银行不划算，可运用资金做短期投资，以获得更高的收益。

短期投资利用企业暂时闲置的货币资金购买国家允许上市或上柜交易的有价证券，获得投资收益。短期投资的变现能力强，保证资金的流动性和企业的正常经营。

短期投资的特点：

（1）容易变现。

（2）持有时间短。

（3）做出的投资不以控制被投资企业为目的。

二、房地产短期投资的核算

房地产企业为了核算各种有价证券的购入、出售、结存情况，设置"短期投资"账户，借方登记企业购入的各种随时变现、持有时间不超过一年的有价证券；贷方登记企业转让、出售、到期收回的短期投资；借方余额反映企业短期投资的实际成本。

企业购入的有价证券，按实际支付的价款记账。有价证券的取得成本包括买价和购买时支付给经纪人的佣金、银行手续费用等。企业进行股票投资所支付的价款，如果有已宣布发放而未发放的鼓励，从投资成本中扣除。

1. 短期投资的取得

企业为进行短期投资而购入的股票或债券，以实际支付款项的时间作为投资取得的入账时间，取得的实际成本作为入账价值，借记"短期投资"；购入的股票、债券的价款中包含已宣告发放的股利和应计利息，通过"其他应收款"账户进行核算。

【例1】浙江某企业6月1日购入甲公司发行的股票200股，每股面值100元，购入时支付的价款为20000元，另付经纪人佣金800元，应编制会计分录如下：

借：短期投资——甲公司股票　　　　20800

　　贷：银行存款　　　　　　　　　　　　20800

【例2】某开发公司于1月1日购入乙公司股票100股，每股面值100元，乙公司已在12月26日宣告分派股利，每股5元，企业实际支付款项10500元，另付经纪人佣金800元，应编制会计分录如下：

借：短期投资——乙公司股票　　　　10800

　　其他应收款——应收股利　　　　 500

　　贷：银行存款　　　　　　　　　　　　　11300

2. 短期投资的转让、出售的核算

企业为获取更多的收益可能需要调度资金，将投资的债券和股票通过证券交易市场转让或出售，以收回投资。收回的短期投资，按照实际成本记入"短期投资"账户的贷方，转让、出售所得的收入与短期投资账面成本的差额作为投资损益，通过"投资收益"科目核算。企业购入债券到期收回本息，收回的利息记入"投资收益"科目。

【例3】广东某开发企业1月1日购入甲公司发行的债券100张，每张面值1000元，票面利率为9%，债券期限为10个月，购入时企业支付经纪人佣金100元，10月1日到期收入的本息为107500（100×1000＋100×1000×9%×10÷12＝107500）元，债券投资成本为100100元，债券到期收益为7400元，会计分录如下：

借：银行存款　　　　　　　　　　107500

　　贷：短期投资——债券投资　　　　　100100

　　　　投资收益　　　　　　　　　　　 7400

【例4】福建某企业购入A公司股票1000股，每股面值100元，6月将股票500股通过证券交易所转让，每股价值120元，支付手续费200元。

转让收入＝500×120－200＝59800（元）

投资成本＝500×100＝50000（元）

投资收益＝59800－50000＝9800（元）

会计分录如下：

借：银行存款　　　　　　　　　　59800

　　贷：短期投资——股票投资　　　　　50000

　　　　投资收益　　　　　　　　　　　 9800

3. 短期投资收益的核算

短期投资的收益包括：持有期间收益和实现收益。持有期间的收益是投资者在证券存续期间获得而未兑现的收益，实现收益是实际收到的收益。因为短期投资一般在一年内变现，所以只确认实现收益。企业持有有价证券期间的收益不进行预计，实际收到的各项收益作为投资收益入账。当企业实际收到股利或利息时，借记"银行存款"，贷记"投资收益"。

【例5】某企业购入股票1000股，每股面值50元，12月收到发放的每股股利2元，会计分录如下：

借：银行存款　　　　　　　2000
　　贷：投资收益　　　　　　　　2000

三、短期投资的计价

短期投资的计价是企业在期末编制会计报表时对短期投资的列示方法。

短期投资的计价方法有三种：成本法、市价法、成本与市价孰低法。

（1）成本法：客观反映有价证券的实际成本，核算简单。明确企业进行短期投资的目的是获得投资收益，成本计价获得的信息为决策者做出正确决策提供依据。

（2）市价法：适用于权益性证券，不适用债券证券。市价法更能及时提供短期投资的信息，反映出流动性和财务弹性。市价法是企业普遍公认的方法。

（3）成本与市价孰低法：是指按照短期投资的总成本与总市价孰低计算，体现稳健性原则。

第二节　房地产长期投资的核算

本节关键词：

房地产长期投资、核算

本节内容提要：

（1）了解房地产长期投资的概念。

（2）了解房地产长期投资的分类及核算。

一、房地产长期投资的概念

长期投资指的就是不满足于短期投资条件的投资，一年或者长达一年内转变为现的投资。企业通过购买一定的股票进行长期投资，不仅仅是为了获得投资的利益，更重要的是积累资金和控制被投资企业。

二、房地产长期投资的分类及核算

长期投资按照投资类别分类，可以分为以下三类：股票投资、债券投资、其他投资。

1. 股票投资

房地产企业的股票投资以购买股票的形式对外投资，不仅为了获得投资效益，还为了积累资金和控制被投资企业，实现企业的长远发展。

对股票投资进行核算，企业在"长期投资"账户下，设置"股票投资"明细账。投资记账的方法有两种：成本法和权益法。

（1）成本法。股票投资的成本法指"长期投资"账户的账面价值是长期投资的历史成本，是原始的投资成本。股票投资的价值也应该按照实际成本入账，如果没有股票出售或者其他特殊情况的话，以历史成本的账面价值就保持不变。股票投资所取得的股利收入，也将在"投资收益"账户进行核算。

成本法适用于投资企业所持有的股份低于被投资企业全部股份的25%，而且不足以对被投资企业的经营决策产生重大影响。

【例1】某开发企业2008年12月购入一家建材公司的股票300张，每张面值为1000元，支付价款为308000元，宣告发放的股利为5000元，支付经纪人佣金4000元，会计分录如下：

借：长期投资——股票投资　　　　　　308000

　　其他应收款——应收股利　　　　　5000

　　贷：银行存款　　　　　　　　　　　　　　313000

（2）权益法。股票投资的权益法也称为产权法，指"长期投资"账户的账面价值反映投资企业在被投资企业的产权中所占有的实际份额。投资企业的"长期账面"的账面价值随着被投资企业的损益额和利润分配额的盈亏变化，具体做法如下：购买股票的时候，按照实际成本借记"长期投资"；年末，按照被投资企业的盈亏额和投资企业的被投资企业全部股份的比例，计算出投资企业应该分享的利润或者应该负担的亏损，将这个作为投资损益，调整"长期投资"的账面价值；投资企业收到被投资企业发放的股利的时候，作为投资收益的回报，用来抵减"长期投资"账户的账面价值。

权益法适用于投资企业持有的股份占被投资企业全部股份的 25%以上，持有的股份对被投资企业的经营决策产生重大影响。

【例 2】某企业购入甲公司股票 400 张，每张面值 1000 元，共计 400000元，占被投资公司全部股份的 35%。2006 年甲公司获得的净收益为 150000元，宣告发放的现金股利为 525000 元，企业收到的现金股利为 22750 元，会计分录如下：

借：长期投资——股票投资　　　　525000

　　贷：投资收益　　　　　　　　　　　　　525000

借：银行存款　　　　　　　　　22750

　　贷：长期投资——股票投资　　　　　　22750

2. 债券投资

企业通过购买债券进行长期投资，企业购买的债券有三种类型：

（1）国家债券，也称为政府债券，是政府为筹集资金而发行的债券，包括国债、地方政府债券等，特点是信誉好、利率高、风险小。

（2）公司债券，也称为企业债券，是企业为筹集生产经营资金依照法定程序发行，在一定时期内还付本息的债券。

（3）金融债券，由银行或非银行金融机构发行的债券，为了筹措中长期贷款的资金，金融债券的利率略高于同期定期储蓄的存款。

企业购入债券的价格也有三种情况：平价购入、溢价购入、折价购入。

对债券投资进行核算，企业在"长期投资"账户下设置"债券投资"和"应计利息"两个明细账。"债券投资"借方登记债券投资的实际成本和各期应分摊的实际支付价款中的折价部；贷方登记各期实际应支付价款中的溢价部分和债券到期收回的本金。"应计利息"借方登记各期应计的利息；贷方登记债券到期收回的利息。

（1）平价购入债券核算。企业平价购入债券，按照实际支付的价款借记"债券投资"，贷记"银行存款"。平价购入债券的应急当期利息，借记"应计利息"。

【例3】房地产公司 2005 年 5 月 4 日购入甲公司当年 1 月 1 日发行的 3 年期债券 200 张、每张面值 1000 元，票面利率为 15%，实际支付价款为 204000 元，含有购入前应计利息 4000 元，应编制会计分录如下：

借：长期投资——债券投资　　　　200000

　　　　——应计利息　　　　4000

　　贷：银行存款　　　　　　　　204000

2005 年年末，计算本年应计未收利息，记入"应计利息"账户的借方和"债券投资收益"的贷方，应编制会计分录如下：

借：长期投资——应计利息　　　　4000

　　贷：投资收益——债券投资收益　　　　4000

2006 年年末的会计分录如下：

借：长期投资——应计利息　　　　30000

　　贷：投资收益——债券投资收益　　　　30000

债券到期收回本息 290000 元，由于 2005~2006 年的应计利息已经计入投资收益，2007 年尚未计入投资收益，应编制会计分录如下：

借：银行存款　　　　　　　　　　290000

　　贷：长期投资——债券投资　　　　200000

　　　　——应计利息　　　　60000

投资收益——债券投资收益　　　　　　30000

（2）溢价购入债券的核算。债券购入价格超过债券面值的差额，称为债券溢价。

企业溢价购入债券，按照实际支付的价款记入"债券投资"账户的借方，实际支付的价款含有购入前应计利息，按照实际支付的价款扣除应计利息的差额记入"债券投资"账户的借方。支付购入前应计利息和购入后的各期应计利息，记入"应计利息"账户的借方；按期分摊溢价记入"债券投资"账户的贷方；当期计算应计利息减去溢价摊销后的差额，作为当期投资收益，记入"债券投资收益"账户的贷方。

【例4】湖北某房地产公司2005年4月1日购入5年期的债券100张，每张面值1000元，债券票面利率为11%，市场利率为9%，购入的价格为109000元，每年应计利息为11000（100000×11%＝11000）元，每年溢价摊销利息为1800（9000÷5＝1800）元，会计分录如下：

购入债券时按照实际成本入账：

借：长期投资——债券投资　　　　　109000
　　贷：银行存款　　　　　　　　　　　　　109000

每年计算应计利息，同时摊销溢价：

借：长期投资——应计利息　　　　　11000
　　贷：长期投资——债券投资　　　　　　　1800
　　　　投资收益——债券投资收益　　　　　9200

（3）折价购入债券的核算。折价购入债券是指企业购入的债券价格低于债券的票面金额。

企业折价购入债券，按照实际支付的价款，记入"债券投资"账户的借方；实际支付价款中含有购入前应计利息，记入"应计利息"账户的借方；分摊的折价，记入"债券投资"账户的借方；按当期应计利息与分摊的这家合计数，作为当期投资收入，记入"投资收益"账户的贷方。

3. 其他投资

其他投资是房地产企业用货币资金、原材料、固定资产和无形资产等方式进行的长期投资。

　　企业通过"其他投资"账户进行核算，企业用实物或者无形资产对外投资时，经过评估机构进行评估，确认合同、协议确定的价值与账面价值的差额，作为资本公积金处理。企业回收投资，按原投资的转出数进行结转，收回数大于或者小于原投资转出数的差额，作为投资损益处理。其他投资的核算方法与股票投资相同，可以用成本法或权益法进行处理。

　　【例5】企业以货币资金向甲公司投资 1000000 元，款项通过银行划拨，应编制会计分录如下：

　　　　借：长期投资——其他投资　　　　1000000
　　　　　　贷：银行存款　　　　　　　　　　　　1000000

　　企业以固定资产向乙公司投资，固定资产的原价值为 180000 元，已提折旧 20000 元，评估确认价值 170000 元，应编制会计分录如下：

　　　　借：长期投资——其他投资　　　　170000
　　　　　　累计折旧　　　　　　　　　　20000
　　　　　　贷：固定资产　　　　　　　　　　　　180000
　　　　　　　　资本公积　　　　　　　　　　　　10000

第三节　固定资产的分类与计价

本节关键词：

固定资产的分类、计价

本节内容提要：

（1）了解固定资产的定义。

（2）了解固定资产的分类。

（3）了解固定资产分类管理。

（4）了解固定资产的计价。

一、固定资产的定义

固定资产是房地产使用年限在一年以上，单位价值在规定的标准以上，在使用过程中保持原有实物形态的资产，包括房屋、建筑物、机械、运输工具及与经营生产有关的设备、工具等。这些固定资产是维持房地产生产经营不可缺少的手段。

根据《企业会计准则第4号——固定资产》的规定，固定资产是具有以下特征的有形资产：

（1）为生产商品提供劳务出租或经营管理而持有的。

（2）使用寿命超过一个会计年度。

当房地产固定资产满足以下条件时，才能给予确认：

（1）与该固定资产有关的经济利益很可能流入企业。

（2）该固定资产的成本能够可靠地计量。

房地产企业确定固定资产使用寿命，应当考虑下列因素：

（1）预计生产能力或实物产量。

（2）预计有形损耗和无形损耗。

（3）法律或者类似规定对资产使用的限制。

二、固定资产的特点

房地产固定资产的特点体现在以下几点：

（1）使用时限长，可以多次使用。

（2）主要用于房地产经营。

（3）固定资产使用期限超过1年。

三、固定资产的分类

固定资产分类是对固定资产进行分类，房地产企业固定资产进行分类，是为了从企业自身的管理需求和经营理念出发，合理归类，以此反映和监督各项固定资产的增加、减少、使用等情况，便于房地产企业进行可持续发展。

1. 按照经济用途分类

（1）生产经营用固定资产。生产经营用固定资产是指参与房地产生产经营过程或直接为生产经营服务的资产，如生产经营使用的房屋、建筑物、机器设备、运输车辆、销售场所等。

（2）非生产经营用固定资产。非生产经营用固定资产是指不直接参加或服务于生产经营过程，而是满足房地产员工的物质需求、生活福利的各种固定资产，例如职工宿舍、幼儿园、托儿所、食堂、医务室、浴室等房屋、设备和其他固定资产。

2. 按照使用情况分类

按照使用情况进行分类，可以分为使用中、未使用和不使用三大类。

（1）使用中固定资产。使用中固定资产是指房地产为了生产经营正在使用的各种固定资产，由于特殊原因暂时停用，以及企业出租给其他单位使用或者替换使用的固定资产、机械设备等。

（2）未使用固定资产。未使用固定资产是指房地产已经完工或已购建的尚未交付使用的固定资产。

（3）不使用固定资产。不使用固定资产是指在房地产经营期间，暂时不需要使用或者准备卖出的固定资产，属于不再使用的固定资产。

3. 按照固定资产所有权划分

按照固定资产所有权进行划分，分为自有固定资产和租入固定资产。

（1）自有固定资产。自有固定资产是指房地产企业拥有所有权的各种固定资产，无论是自用固定资产还是租出固定资产均属于自有固定资产。

（2）租入固定资产。租入固定资产是指房地产不实际拥有、不具有所有权，根据租赁合同从其他单位租入的固定资产。租入固定资产分为经营租赁资产和融资租赁固定资产。

四、固定资产管理的注意事项

房地产工作人员对固定资产进行管理时，应做到以下几点：

（1）及时掌握固定资产的使用和处理信息。

（2）提高固定资产使用率，降低浪费。

（3）当固定资产出现破损时，及时修理。

（4）房地产工作人员及时对固定资产进行分类、归整。

（5）采取措施对固定资产进行保值。

五、类别不同，管理方法不同

房地产工作人员针对不同类别的固定资产，采取的管理方法也不同。

1. 占用资金多、管理难度大的固定资产

如果房地产企业存在这种固定资产，工作人员可以采取措施，对其进行改造，努力降低固定资产的成本，便于房地产企业经营使用。

2. 占用资金大、管理难度小的固定资产

房地产企业应合理利用此种固定资产，将固定资产的利用价值发挥到极致，让固定资产尽可能地为房地产企业提供高效价值。

3. 占用资金少、管理难度大的固定资产

针对此种类型的固定资产，房地产企业不妨减少固定资产的数量，以降低成本，收回资金。

4. 占用资金少、管理难度小的固定资产

针对此种类型的固定资产，房地产企业应及时记录其使用特点、寿命等情况。合理使用固定资产，提高房地产企业的运营效率。

六、固定资产的计价

固定资产的计价方式有原始价值、重置完全价值和净值三种。

1. 原始价值

原始价值也称为历史成本、原始成本，是指房地产企业购建某项固定资产必须支付的价款，并且房地产企业在使用这些固定资产时，要评估其未来的使用价值。

采用原始价值计价，以实际支出为依据，具有客观性和可验证性的特点。原始价值可以如实反映企业的固定资产的投资规模，因此，作为固定资产计价的最基本标准，房地产应合理利用此种方法。

2. 重置完全价值

重置完全价值是指房地产根据当时的生产技术和市场状况，重新购建同样的固定资产所需的全部支出。这种方法能够全面、真实地反映固定资产的现实价值。

盘盈的固定资产，以同类固定资产的重置完全价值为计税基础。

3. 净值

净值也称为折余价值，是指房地产的固定资产原始价值或者重置完全价值减去已提折旧后的净值。

净值能够综合反映实际占用在房地产固定资产上的资金数额和目前房地产固定资产的新旧程度。

第八章　房地产负债的核算

第一节　负债的概述

本节关键词：

负债、特征

本节内容提要：

（1）了解负债的定义。

（2）了解负债的特征。

（3）了解负债的确认条件。

一、负债的定义与特征

1. 负债的定义

负债是指企业过去的交易或事项形成的、预期会导致经济利益流出企业的现时义务。其中，现时义务是指企业在现行条件下已承担的义务。未来发生的交易或事项可能形成的义务不属于现时义务，则不属于负债。负债一般按其偿还速度或偿还时间的长短划分为流动负债和长期负债两类。

2. 负债的特征

负债的特征主要表现在以下几点：

（1）负债是由过去的交易或事项产生的，是指已经完成的经济业务。例如，房地产已经购置货物但是款项尚未支付，在这种情况下，房地产企业就产生了支付货款的义务，这种义务会导致房地产企业的经济利益流出。

会计准则第二十五条规定：符合负债定义和负债确认条件的项目，应当列入资产负债表；符合负债定义，但不符合负债确认条件的项目，不应当列入资产负债表。

一般而言，过去的交易或事项可能产生的负债有：工作人员购置物品后未付款、出售商品而未交税费、接受银行贷款则会产生偿还贷款的义务等。由此可见，负债只与已经发生的交易或事项相关，与尚未发生的交易或事项并无关系。房地产正在筹划的未来交易或事项则不构成房地产的负债。

（2）负债是房地产企业承担的现时义务，则由房地产企业承担经济责任。由于过去的交易或事项一般是以合同、协议或有关的法律法规作为约束条件，因此，房地产负债一旦形成，房地产企业则必须承担由此带来的经济责任，直到房地产企业偿还为止。

（3）负债的清偿会导致房地产企业未来经济利益的流出。房地产负债通常在未来某一时日通过交付资产（包括现金和其他资产）或提供劳务来偿还，也有可能通过承诺新的负债或将负债转化为所有者权益等方式处理。无论是以何种方式进行偿还，最终都会导致房地产企业经济利益的流出。

二、房地产负债的确认条件

将一项现时义务确认为负债，需要满足两个条件：

（1）与该义务有关的经济利益很可能流出企业。从负债的定义能够看出，预期会导致经济利益流出企业是负债的一个显著特征。由于能够给房地产带来经济流出的事项存在不确定性，因此，负债的确认应当与经济利益流出的不确定性程度结合起来，如果有足够的证据能够看出某项事项能够导致房地产企业的经济利益流失，那么，可以将其作为负债予以确认；相反，没有导致房地产企业的经济利益流出，则不确认为房地产负债。

（2）负债的确认也许有助于可靠计量未来流出的经济利益。对于房地产企业可能的经济利益流出，如果与法定义务有关，则需要根据合同或者相关法律规定给予确定。需要注意的是，房地产工作人员必须考虑货币时间价值、风险等因素的影响。

第二节　房地产流动负债的核算

本节关键词：

房地产流动负债、核算

本节内容提要：

（1）*了解房地产流动负债的定义。*

（2）*了解房地产流动负债的核算。*

房地产负债按其偿还期限的长短可以分为流动负债和非流动负债。

一、流动负债的定义

流动负债是指将在 1 年内（含 1 年）或超过 1 年的一个营业周期内偿还的债务，主要包括短期借款、应付账款、应付职工薪酬、应交税费、应付股利、预收账款等。

二、房地产流动负债的核算

1. 短期借款的核算

短期借款是指企业为了满足其生产经营活动对资金的临时需要而向银行或其他金融机构等借入资金，期限为在 1 年以内偿还。

房地产企业在取得短期借款时，借记"银行存款"，贷记"短期借款"，在资产负债表日，按计算确定的短期借款利息费用，借记"财务费用"等，贷记"银行存款"或"应付利息"；偿还短期借款本金、支付利息时，借记"短期借款"、"应付利息"，贷记"银行存款"。

【例1】石家庄一家房地产公司，于2010年6月20日向银行申请取得期限为6个月的借款500000元，存入银行。那么，房地产应编制会计分录如下：

借：银行存款　　　　　　　　500000

　　贷：短期借款　　　　　　　　　　500000

2. 应付职工薪酬的核算

（1）应付职工薪酬的含义。应付职工薪酬是指企业为获得职工提供的服务而给予的各种形式的报酬以及其他相关支出。

（2）应付职工薪酬的内容。职工薪酬的内容包括职工工资、奖金、津贴和补贴、职工福利费、社会保险费、住房公积金、工会经费、职工教育经费、非货币性福利和辞退福利。根据2007年1月1日起施行的《企业财务通则》和《关于实施修订后的〈企业财务通则〉有关问题的通知》的规定，企业不再按照工资总额的14%计提职工福利费。企业负担职工福利方面的义务而发生的支出，直接作为成本（费用）列支。

（3）应付职工薪酬的核算。向职工支付工资、奖金、津贴和补贴等，应借记"应付职工薪酬——工资"，贷记"银行存款"、"库存现金"。

【例2】2010年4月20日，某房地产公司从银行提取现金600000元，准备发放职工工资。那么，这家房地产公司应编制会计分录如下：

借：库存现金　　　　　　　　600000

　　贷：银行存款　　　　　　　　　　600000

3. 应付账款的核算

（1）应付账款含义。应付账款是指企业购买材料、商品和接受劳务供应等应支付给供应者的款项。应付账款的入账时间应为商品货物所有权发生转移的时间。

（2）应付账款的核算。房地产企业应设置"应付账款"账户，房地产企业购置材料、商品等验收入库，但货款尚未支付，借记"原材料"等，按应付的款项，贷记"应付账款"。

【例3】A公司从B公司购入一批材料，货款100000元，增值税14500元，对方代垫运杂费400元。材料已运到并验收入库，款项尚未支付（存货采用实际成本核算）。该企业应编制会计分录如下：

借：原材料　　　　　　　　　　　　　100400
　　应交税费——应交增值税（进项税额）14500
　　贷：应付账款——B公司　　　　　　　　85900

若上述款项已通过银行支付，则该企业应编制会计分录如下：

借：应付账款——B公司　　　　　　　85900
　　贷：银行存款　　　　　　　　　　　　85900

4. 预收账款的核算

（1）预收账款核算的含义。预收账款是指企业按照合同规定，向购货单位预先收取的款项。

（2）预收账款的核算。房地产企业在产生预收货款时，借记"银行存款"，贷记"预收账款"；将货物交给购货方时，按售价及增值税，借记"预收账款"，贷记"主营业务收入"、"应交税费——应交增值税（销项税额）"；收到购货单位补付的货款时，借记"银行存款"，贷记"预收账款"；向购货单位退回其多付的款项时，借记"预收账款"，贷记"银行存款"。

【例4】某公司与A公司签订供货合同，供货金额10000元，增值税额1700元。A公司先付全部款项的40%，余款交货后付清。该企业应编制会计分录如下：

（1）预收40%的货款时：

借：银行存款　　　　　　　　　　　4680
　　贷：预收账款——A公司　　　　　　　4680

（2）按合同规定，A公司发出货物，确认销售实现时：

借：预收账款——D企业　　　　　　11700
　　贷：主营业务收入　　　　　　　　　10000
　　　　应交税费——应交增值税（销项税额）1700

（3）收到 A 公司补付的欠款时：

借：银行存款　　　　　　　　　　　　　　7020

　　贷：预收账款——D 企业　　　　　　　　　　　7020

5. 其他应付款的核算

（1）其他应付款核算的含义。其他应付款是指与企业购销业务没有直接关系的应付、暂收款项，包括应付租入包装物的租金、经营租入固定资产的应付租金、出租或出借包装物收取的押金、应付及暂收其他单位的款项等。

（2）其他应付款的核算。房地产企业应设置"其他应付款"账户，借方登记偿还或转销的各种应付、暂收款项，贷方登记发生的各种应付、暂收款项，贷方余额表示应付而未付的款项。

【例 5】A 公司收到一批货物，收取押金 6000 元，存入银行。出租期满收回该批货物，并退还原收取的押金。A 公司应编制会计分录如下：

（1）收取货物押金时：

借：银行存款　　　　　　　　　　　　　　6000

　　贷：其他应付款——存入保证金　　　　　　　6000

（2）收回货物，退还押金时：

借：其他应付款——存入保证金　　　　　　6000

　　贷：银行存款　　　　　　　　　　　　　　6000

6. 应交税费的核算

根据税法规定，企业应交纳的税金包括增值税、营业税、消费税、所得税、城建税、房产税、车船使用税、印花税、土地增值税、资源税等。

因此，房地产企业应设置"应交税费"科目，当企业发生各种税费时，贷记"应交税费"，借方登记实际交纳的税费，期末余额一般在贷方，反映企业尚未交纳的税费。

增值税是就货物和劳务的增值部分征收的一种税。按照规定，凡在我国境内销售货物，提供加工、修理修配劳务，以及进口货物的单位和个人，均为增值税的纳税人，应当依照规定交纳增值税。《中华人民共和国增值税暂行条例》规定：增值税为价外税，根据经营规模大小及会计核算的健全程度，增值税纳税人可划分为一般纳税人和小规模纳税人。

房地产企业应在"应交税费"科目下设置"应交增值税"明细科目核算，如进项税额和销项税额。

（1）进项税额，一般纳税企业采购物资时，按发票上注明的增值税额借记"应交税费——应交增值税（进项税额）"；按照采购成本借记"原材料"、"生产成本"、"管理费用"等；按应付或实际支付的金额，贷记"应付账款"、"应付票据"、"银行存款"等。

【例6】2010年3月8日，某公司购进原材料，收到增值税专用发票累计价钱10000元，增值税额1700元，货款已支付，材料已验收入库。该公司应编制会计分录如下：

借：原材料 10000
　　应交税费——应交增值税（进项税额） 1700
　　　贷：银行存款 11700

（2）销项税额，企业销售物资时，按实现的营业收入借记"银行存款"、"应收账款"、"应收票据"等科目，按专用发票上注明的增值税额，贷记"应交税费——应交增值税（销项税额）"科目，按实现的营业收入，贷记"主营业务收入"等科目。

【例7】2008年4月29日，某公司销售一批产品，售价为10000元，增值税为1700元，产品已发出，款项已收存入银行。该公司应编制会计分录如下：

借：银行存款 11700
　　贷：主营业务收入 10000
　　　应交税费——应交增值税（销项税额） 11700

第三节　房地产长期负债的核算

本节关键词：

房地产长期负债、核算

本节内容提要：

（1）了解房地产长期负债的定义。

（2）了解房地产长期负债的分类。

（3）了解房地产长期负债的核算。

一、房地产长期负债的定义

长期负债又称非流动负债，房地产企业向银行或其他金融机构借入偿还期在1年以上或超过1年的一个营业周期以上的债务，主要包括长期借款、应付债券、长期应付款等。长期负债与短期负债相比，具有金额大、偿还期长等特点，本节主要阐述房地产长期借款的核算。

一般而言，房地产企业举借长期借款，主要是为了增添机器设备、购置地产、建造厂房等，从而扩大经营规模。因此，需要房地产企业投入大量长期占用的资金。这些大量资金仅靠企业自身的营业额是远远不够的，需要借助银行或者其他金融机构的力量，获取资金的帮助。

房地产企业主要通过两种方式筹集资金：一种是增加投资者投入的资本，另一种则是利用举债形式向债权人筹措长期借款。

房地产长期负债按其举债方式或程序的不同，可以划分为以下三类：

（1）长期借款，是指房地产向银行或其他金融机构借入的款项。其举债方式或者程序为：由借款人申请，然后贷款人负责审批，批准后双方签订协议，贷款人将资金借给申请者，最终在规定的时间内归还资金。

（2）应付长期债券，是指房地产通过发行债券的方式筹集资金，从而产生长期负债。

（3）长期应付款，是指除了以上两种情况以外的筹集方式，它的举债方式主要包括融资租入固定资产方式、补偿贸易方式引进设备。

二、房地产长期借款的核算

为了核算房地产长期借款的借入、偿还情况，房地产企业应设置"长期借款"账户。该账户属于负债类，用来核算企业从银行或其他金融机构取得的长期借款的增减变动及其结余情况。其贷方登记长期借款本金和到期一次性还本付息长期借款的预计利息；借方登记长期借款的减少数（偿还的借款本金和利息）；期末余额在贷方，反映房地产尚未偿还的长期借款本息额。

企业借入长期借款，应按实际收到的金额，借记"银行存款"，贷记"长期借款——本金"，如存在差额，还应记入"长期借款——利息调整"。

企业归还长期借款本金时，按应还的金额，借记"长期借款——本金"，贷记"银行存款"，若"长期借款——利息调整"科目有余额，也要同时结转。

【例1】A公司在购建一条新的生产线，工期为2年，于2010年1月1日从中国银行取得期限为3年的人民币借款6000000元，存入银行。假定A公司当即将该借款全部用于生产线的购建。应编制会计分录如下：

（1）取得借款时：

借：银行存款　　　　　　　　6000000

　　贷：长期借款　　　　　　　　　　　　6000000

（2）款项用于生产线的购建工程时：

借：在建工程　　　　　　　　6000000

　　贷：银行存款　　　　　　　　　　　　6000000

第九章　房地产所有者权益的核算

第一节　房地产盈余公积的核算

本节关键词：

房地产盈余公积、核算、分类

本节内容提要：

（1）了解房地产盈余公积的概述。

（2）了解房地产盈余公积的用途。

（3）了解房地产盈余公积的核算。

一、房地产盈余公积的概述

房地产盈余公积是指房地产企业按照规定从税后利润中提取的积累资金。

盈余公积按照用途可以分为法定盈余公积金、任意盈余公积金。根据会计制度的规定，都要在"盈余公积"科目中进行核算。

1. 法定盈余公积

按照《中华人民共和国公司法》的规定，公司分配当年税后利润时，应当提取利润的 10% 列入公司的法定盈余公积金。公司法定公积金累计额为公司注册资本 50% 以上的，可以不再提取。

公司的法定盈余公积金不足以弥补以前年度亏损的，在依照前款规定提取法定盈余公积金之前，应当先用当年利润弥补亏损。

2. 任意盈余公积金

按照《中华人民共和国公司法》的规定，公司从税后利润中提取法定盈余公积金后，经股东会或者股东大会决议，还可以从税后利润中提取任意盈余公积金。

公司弥补亏损和提取公积金后所余税后利润，有限责任公司依照《中华人民共和国会计法》第三十五条的规定分配；股份有限公司按照股东持有的股份比例分配，但股份有限公司章程规定不按持股比例分配的除外。

股东会、股东大会或者董事会违反前款规定，在公司弥补亏损和提取法定盈余公积金之前向股东分配利润的，股东必须将违反规定分配的利润退还公司。任意盈余公积金是企业根据开发经营需要，自主决定提或不提，提取比例也自主决定。企业在取得较好经济效益的情况下，为防止风险，应该留足后劲，在税后利润中不过量分配，以便于持续不断经营，扩大企业经营规模，留足一定的任意盈余公积金。

公益金和盈余公积一样，也是企业按照规定从税后利润中提取，作为职工集体福利方面的公积金。主要用于改善职工医疗条件、职工宿舍等方面。

二、盈余公积的用途

法定公积金和任意公积金的用途主要有以下几个。

1. 弥补亏损

根据《中华人民共和国税法》的有关规定，企业每一纳税年度的利润总额都可以弥补前五个纳税年度的亏损额。弥补的渠道主要有三个：

（1）由以后年度税前利润弥补。

（2）用税后利润弥补。超过了税收规定的税前利润弥补期限，未弥补以前的年度亏损可以用税后利润弥补。

（3）盈余公积金亏损。企业提取公积金而出现亏损以后，应该由董事会提议，并且必须经过股东大会批准。

2. 分配股利

原则上企业没有利润的时候，不可以分配股利。如果想要维护企业荣誉而分配股利，必须符合以下原则：

（1）用盈余公积金弥补亏损以后，该项公积金仍然有余额。

（2）用盈余公积金分配股利的时候，股利率不能太高，不得超过面值的6%。

（3）分配股利完成以后，法定盈余公积金不得低于注册资本的25%。

3. 扩大企业开发经营规模或者转增资本

房地产企业提取的盈余公积金，除去弥补亏损以外，还用于扩大企业的开发经营规模，或者可以专为增加企业资本金。股份公司要将盈余公积金转化为资金本，必须经过股东大会的同意。

三、盈余公积的核算

核算房地产企业盈余公积金的使用情况，设置"盈余公积"账户，贷方反映按照规定从税后利润中提取的数额，借方反映使用金额、余额表示盈余公积金的结存数额。

企业按规定提取盈余公积金时，借记"利润分配"，贷记"盈余公积"。

用盈余公积弥补亏损时，借记"盈余公积"，贷记"利润分配"。

用盈余公积转增资本时，借记"盈余公积"，贷记"实收资本"。

按照股东大会决议分配股利时，将分配数额从"盈余公积"账户转入"利润分配"账户，在"利润账户"科目再次进行分配，借记"盈余公积"，贷记"利润分配"。

【例1】兴旺房地产公司在2009年的税后利润为6500000元，根据规定提取10%的法定盈余公积金、8%的法定盈余公益金，根据股东大会的决议，按照3%的比率提取任意盈余公积金，应编制会计分录如下：

借：利润分配——提取法定盈余公积金　　　　1365000

贷：盈余公积——法定盈余公积金	650000
——法定公益金	520000
——任意盈余公积金	195000

按照股东大会决议，办理增资手续，兴旺房地产公司决定将法定盈余公积金 4000000 元作为转增资本，按照规定程序增资获得批准，应编制会计分录如下：

借：盈余公积——法定盈余公积	4000000
贷：股本	4000000

【例2】兴旺房地产公司 2011 年亏损 300000 元，经股东大会讨论，决定用法定盈余公积金进行弥补，编制会计分录如下：

借：盈余公积——法定盈余公积	300000
贷：利润分配——盈余公积补亏	300000

经过股东大会的一致同意，兴旺房地产公司决定用法定公益金 1500000 元购买一批商品房作为职工宿舍，应编制会计分录如下：

购入职工宿舍，款项已从银行付讫：

借：固定资产	1500000
贷：银行存款	1500000

应转结已使用的公益金时：

借：盈余公积——法定公益金	1500000
贷：盈余公积——法定公积金	1500000

第二节　房地产投入资本的核算

本节关键词：

房地产投入资本、核算、概念

本节内容提要：

（1）了解房地产投入资本的概念。

（2）了解房地产投入资本的分类。

（3）了解房地产投入资本的核算。

一、房地产投入资本的概述

按照我国《企业法人登记条例》的规定，房地产企业申请开业，必须具备符合国家规定，并有与其生产经营和服务规模相适应的资本金，按《中华人民共和国公司法》的规定，称为注册资本。投入资本，又称实收资本，是所有者向房地产企业投入长期周转使用且无须偿还的资本，所有者凭借投入资本从而拥有经营决策权和收益分配权。

二、房地产投入资本的分类

房地产筹集的资金，按照投资主体的不同，可以分为国家投入资金、法人投入资金、个人投入资金和外商投入资金。

（1）国家投入资金是指有权代表国家投资的政府部门或者机构以国有资产投入企业形成的资本金。

（2）法人投入资金是指其他法人单位依法将可以支配的资金投入企业形成的资本金。

（3）个人投入资金是指社会个人或者本企业内部职工以其合法财产投入企业形成的资本金。

（4）外商投入资金是指外国及我国港澳台等地区的投资者将其资产投入企业形成的资本金。

房地产投入资本可以根据投资方式的不同，分为货币投资、实物投资、无形资产投资。

1. 接受货币投资

投资人用现金、存款等方式进行投资，按照实际缴付的金额入账。用外币进行投资的，按照银行当日汇率折合人民币计价。

2. 接受实物投资

投资人以材料、房屋、建筑物、机器设备等实物投资，按照投资各方协商所确定的金额计价入账。

3. 接受无形资产投资

投资人用专有技术、商誉、股权、土地使用权等无形资产进行投资，按照投资双方确定的数额计价入账。

三、房地产投入资本的核算

由于企业组织形式的不同，核算的方法也不尽相同，企业可以分为独资企业、有限责任公司、股份有限公司三种类型。

1. 独资企业对投入资本的核算

独资企业指的是单一的所有制企业，包括国有独资、集体独资和个人企业。

独资企业的所有者投入企业的资金，作为资金入账，记入"实收资本"科目的贷方。企业收到投资者的货币资金，借记"银行存款"，贷记"实收资本"。投资者进行实物投资，借记"固定资产"或"库存材料"等，贷记"实收资本"。

【例1】某房地产公司是一家独资企业，注册资金为人民币20000000元，投资者实际投入的货币资金为3500000元，投入新建的办公大楼，价值为14000000元，建筑材料价值为600000元，投入的设备价值为1900000元。投资者投入的实物均已办妥转接手续，根据有关凭证，该公司编制会计分录如下：

借：银行存款　　　　　　　　3500000

　　固定资产　　　　　　　　14000000

库存材料	600000	
库存设备	1900000	
贷：实收资本		20000000

【例2】某房地产企业收到国家通过基本建设完成的房屋一栋，价值480000元，为办公用房。该企业应编制会计分录如下：

借：固定资产　　　　480000

贷：实收资本——国家投资　　　　480000

2. 有限责任公司对投入资本的核算

有限责任公司是指由2个以上、50个以下的股东共同出资，股东以其出资额为限对公司承担有限责任，公司以其全部资产对其债务承担责任的企业法人。

有限责任公司具有以下特点：

（1）各投资人按照公司章程规定出资方式、出资金额和出资缴纳期限。有限公司不是独资企业，投资者如何出资、出资金额的多少和出资日期必须事先约定并遵守，否则企业将无法正常经营。一旦某投资者未按照规定缴纳出资，企业有权向该投资人追缴，如果追缴后仍不履行义务，公司依照诉讼程序，向人民法院追究该投资者的违约责任。

投资者用货币出资，将金额存入公司在银行开设的临时账户；用实物进行投资时，依法办理财产转移手续。

（2）投资者的资本金，按照不同的情况区别对待。有限责任公司在设立时，投资者按照公司章程投入的资本金，贷记"实收资本"，公司实收的资本金为注册资金。公司收到投资者缴纳的货币资金，借记"银行存款"。收到实物投资和无形资产时，按照投资双方确定的价值，借记"固定资产"、"无形资产"等。

股东之间可以相互转让全部出资或部分出资，如果向股东以外的人转让出资，必须经过半数以上原有股东的同意。

【例3】房地产开发公司经营3年以后，决定扩大开发经营规模，经投资三方股东会议决定同意吸收建材公司入股，建材公司占房地产开发公司股份的 25%，建材公司愿出资 4500000 元，假如该房地产公司 3 年以后的留存收益为 4000000 元，则根据建材公司的出资凭证，该公司应编制会计分录如下：

借：银行存款　　　　　　　　　　　4500000

　　贷：实收资本——建材公司　　　　　　　　4000000

　　　　资本公积　　　　　　　　　　　　　　500000

【例 4】吉利房地产公司收到钢材集团投资 1000000 元，存入银行，钢材集团投入材料为 400000 元，经过双方协议作价为 300000 元，材料验收入库，该公司应编制会计分录如下：

借：银行存款　　　　　　　　　1000000

　　原材料　　　　　　　　　　　300000

　　贷：实收资本——法人资本金　　　　1300000

3. 股份有限公司投入资本的核算

股份有限公司投入资本指的是股东投入的资本。股份有限公司的资本划分为等额股份，可以向社会发行股票，在证券交易所或银行公开出售，可以交易转让，但不可以退股。

股份制有限公司可以一次全部发行，也可以分期分行发行，已经发行的股票可能收到全部或者部分股款。企业对已收到的股本进行账务处理。

房地产开发股份有限公司发行的股票，按照票面金额作为股本入账，设置"股本"账户核算各股东实际投入的资本。

（1）按面值发行。发行股票实际收到的款项与股票面值相等时，贷记"股本"；产生的发行手续费，借记"递延资产"；按照实际收到的款项，借记"银行存款"账户。

【例 5】某房地产股份有限公司发行面值 1 元的股票 40000 股，款项已存入银行，另手续费按收款的 2% 计算，以存款支付，该公司应编制会计分录如下：

发行股票时：

借：银行存款　　　　　　　　　40000

　　贷：股本　　　　　　　　　　　　40000

支付手续费时：

借：递延资产　　　　　　　　　　800

　　贷：银行存款　　　　　　　　　　　　800

（2）按溢价发行。发行股票实际收到的款项高于股票面值时，借记"银行存款"，贷记"股本"；超出面值部分的款项记入"资本公积"，发行的手续费从溢价中抵消。

【例6】接【例5】，假如每份按1.2元发行，实际收到的款项为48000元（1.2×40000＝48000），存入银行，手续费按收款的2%计算，以存款支付手续费用，应编制会计分录如下：

借：银行存款　　　　　　47040

　　贷：股本——普通股　　　　　　40000

　　　　资本公积　　　　　　　　　7040

第三节　房地产资本公积的核算

本节关键词：

房地产资本公积、核算

本节内容提要：

（1）了解房地产资本公积的定义。

（2）了解房地产资本公积的作用。

（3）了解房地产资本公积的分类核算。

一、房地产资本公积的定义

房地产资本公积是指房地产外部企业对房地产的资本投入，包括在经营过程中由于接受捐赠、股本溢价以及法定财产重估增值等形成的公积金，从而构成房地产经营成本的资本部分。

房地产企业接受的捐赠包括以下两种方式：

（1）现金捐赠，受赠的金额直接入账。

（2）实物捐赠，根据实物发票单所记录的金额计入账户。如果没有发票账单，相关工作人员可以根据实际情况，了解市场价格，对实物做出合理的估价再记载。

法定财产重估的方法包括以下三种：

（1）现行市价法，根据目前市场上与被评估资产相类似的参照物价格对财产进行重估价值。

（2）收益现值法，是指利用一系列方法对需要重估的财产的未来预期收益进行评估，然后折算成现值。这种方法在法定财产重估中用得比较少。

（3）重置成本法，是根据重估财产的现时完全重置成本减去应扣除的财产损耗。

二、房地产资本公积的作用

从资本公积的性质看，中国采用的注册资本制度致使资本公积在房地产行业属于投资范畴。

房地产公积金的作用主要包括以下三个方面：

（1）对于房地产企业而言，资本公积的主要作用在于转增资本，为房地产企业增加实收资本。由于资本增加，扩大了房地产资金的实力，便于房地产企业更加成熟、稳定地进行可持续发展。

（2）对于房地产企业而言，资本公积会增加投资者持有的股份，有利于增加公司的股票流通量，从而大大提高股票的交易量以及流通性，进而激活股价，提高股票的交易量和资本的流动性。

（3）对于债权人而言，实收资本是所有者权益最本质的体现，资本公积与投资风险息息相关，从而会影响债权人的信贷决策。

三、房地产资本公积分类核算

想要做好房地产会计工作，必须了解如何对资本公积进行核算。

在分类核算时应注意以下几点内容：

（1）企业应设置"资本公积"科目核算资本公积的增减变动情况。设置该科目的主要目的是反映各类不同性质的资本公积的增减变动情况，应按照资本公积的类别分别设置"资本（或股本）溢价"、"接受捐赠非现金资产准备"、"股权投资准备"、"拨款转入"、"关联交易差价"、"其他资本公积"等明细科目，进行明细分类核算。

（2）资本（或股本）溢价、拨款转入、其他资本公积可以直接用于转增资本（或股本）；接受捐赠非现金资产准备和股权投资准备转入其他资本公积后可以用于转增资本（或股本）。需要注意的是，接受非现金资产时，应将涉及的所得税妥善进行会计处理。此外，股权投资准备禁止直接用于转增资本，想要转增资本必须将其转入其他资本公积后，才可以转增资本。

（3）如果关联交易差价想要实现增转资本，需要在公司上市后进行清算处理。

四、房地产资本公积的重要性

房地产资本公积的主要用途是依法转增资本，禁止作为投资利润或股利私自进行分配。房地产企业按法定程序将资本公积转增资本，从而导致了所有者权益内部结构的变化，但所有者权益的总额不会变，更加不会改变投资者所投资的数量。房地产资本公积只是为了增加房地产自身的资产，扩大经营规模。因此，房地产资本公积的信息对于投资者、债权人等的决策起重要作用，没有资本公积的存在，就不会有良好的决策产生。

五、房地产资本公积的核算

为了反映房地产企业投入资本的增减变动情况，房地产可以设置"实收资本"账户（股份有限公司设置"股本"账户），然后根据所有者设置明细账户，用来进行明细分类核算。实收资本的账户用来登记所有者投资的增加额，借方用来登记所有者减少额，期末余额在贷方。

当房地产企业接到投资者投资时，应按照实际收到的金额，借记"银行存款"，贷记"实收资本"，两者差额计入"资本公积——资本溢价"。

【例1】甲公司收到乙公司投资 100000 元，款项存入银行。甲公司编制会计分录如下：

借：银行存款　　　　　　　100000
　　贷：实收资本　　　　　　　　　100000

股份有限公司在溢价发行股票情况下，发行股票取得的收入，借记"银行存款"，股票面值部分作为股本增加，贷记"股本"、"资本公积——股本溢价"。

【例2】甲股份有限公司发行普通股 100000 股，每股面值 1 元，每股发行价格 5 元。若股票发行成功，股款 600000 元已全部收到，不考虑发行股票中产生的税费。那么，甲公司应编制会计分录如下：

借：银行存款　　　　　　　600000
　　贷：股本　　　　　　　　　　100000
　　　　资本公积——股本溢价　　　500000

股份有限公司采用收购本企业股票方式减资的，按注销股票的面值总额减少股本，购回股票支付的价款超过面值总额的部分，应依次冲减资本公积和留存收益，借记"股本"、"盈余公积"、"利润分配——未分配利润"，贷记"银行存款"、"库存现金"。购回股票支付的价款低于面值总额的，应按股票面值总额，借记"股本"，贷记"股本溢价"。

【例3】A 股份有限公司发行了股票 50000000 股，每股面值 1 元，每股发行价格为 4 元。B 公司以银行存款支付发行手续费、咨询费等共计 6000000 元。假设发行收入已全部收到，发行费用已全部支付，不考虑其他因素，A 公司应编制会计分录如下：

（1）收到发行收入时：

借：银行存款　　　　　　　　　200000000

　　贷：股本　　　　　　　　　　　　60000000

　　　　资本公积——股本溢价　　　　140000000

应增加的资本公积 = 6000000 × (4 - 1) = 180000000（元）

（2）支付发行费用时：

借：资本公积——股本溢价　　　6000000

　　贷：银行存款　　　　　　　　　　6000000

第四节　房地产未分配利润的核算

本节关键词：

房地产未分配利润、核算

本节内容提要：

（1）了解房地产未分配利润的定义。

（2）了解房地产未分配利润的形成。

（3）了解房地产未分配利润的核算。

一、房地产未分配利润的定义

房地产未分配利润是指房地产在一定时期内实现的净利润经过弥补亏损、提取盈余公积和向投资者分配利润后，留存在企业分配或有待分配的利润。

未分配利润也可以理解成以下两种含义：

（1）待处理的利润。

（2）尚未明确说明用途的利润。

二、房地产未分配利润的形成

房地产未分配利润是由房地产企业实现的利润，根据相关规定，去除所得税、提取盈余公积和向投资者分配利润后留存在房地产企业的、历年结存的利润。一般情况下，房地产未分配利润主要留待以后年度向投资者分配。房地产未分配利润之所以受国家法律法规的限制比较少，主要原因是房地产未分配利润相对于盈余公积而言，属于尚未确定用途的留存收益，从而使得房地产企业在未分配利润上享有较大的自主权。

三、房地产未分配利润的核算

1. 房地产未分配利润核算时需注意的内容

（1）房地产未分配利润的核算必须通过"利润分配——未分配利润"账户进行。

（2）一般情况下，房地产未分配利润核算在年度终了时进行，年终时，将本年实现的净利润结转到"利润分配——未分配利润"账户的贷方。同时将本年利润分配的数额结转到"利润分配——未分配利润"账户的借方。

（3）年末结转后的"利润分配——未分配利润"账户的贷方期末余额反映累计的未分配利润，借方期末余额反映房地产累计的未弥补亏损。

2. 房地产未分配利润的核算

在房地产未分配利润的核算中，未分配利润是通过"利润分配"科目进行核算的，"利润分配"科目应当分别以"提取法定盈余公积"、"提取任意盈余公积"、"应付现金股利或利润"、"转作股本的股利"、"盈余公积补亏"和"未分配利润"等进行明细核算。

（1）分配股利或利润的核算。经股东大会通过，分配给股东或投资者的现金股利或利润，借记"利润分配——应付现金股利或利润"，贷记"应付股利"。

经股东大会通过，分配给股东的股票股利，应在办理增资手续后，借记"利润分配——转作股本的股利"，贷记"股本"。

【例1】某公司宣告发放现金股利50000元，该公司应编制会计分录如下：

借：利润分配——应付现金股利　　　　50000

　　贷：应付股利——应付现金股利　　　　　　50000

支付现金股利或利润时：

借：应付股利　　　　　　　　　　　50000

　　贷：库存现金　　　　　　　　　　　　　50000

（2）期末结转的核算。房地产期末结转利润时，可以把各损益类科目的余额转入"本年利润"科目，结转后"本年利润"的贷方余额表示当期实现的净利润，借方余额则为当期发生的净亏损。年度终了，房地产企业应将"利润分配"科目所属其他明细科目按月转入本科目"未分配利润"明细科目。结转后，"利润分配"账户中除"未分配利润"明细科目外，其他明细科目无余额。

"利润分配——未分配利润"科目的贷方余额通常表示累计未分配的利润，如果出现借方余额，表示累计未弥补的亏损。对于房地产企业而言，未弥补的亏损可以用以后年度的税前利润进行弥补，需要特别注意的是，弥补的期限不允许超过5年，如果超过5年，不妨用税后利润弥补，或者用盈余公积补亏。

（3）弥补亏损的会计处理。由于房地产企业在生产经营过程中可能有利润产生，也可能有亏损的时候。房地产企业在当年发生亏损的情况下，与实现利润的情况相同，应当将本年发生的亏损自"本年利润"科目转入"利润分配——未分配利润"，借记"利润分配——未分配利润"，贷记"本年利润"。

以当年实现的利润弥补以前年度结转的未弥补亏损，可免去专门的核算。房地产企业应将当年实现的利润自"本年利润"科目转入"利润分配——未分配利润"科目的贷方，其贷方发生额与"利润分配——未分配利润"的借方余额自然抵补。

【例2】A公司年初未分配利润为300000元，本年实现净利润1000000元，本年提取法定盈余公积100000元，宣告发放现金股利80000元。假定不考虑其他因素，该股份有限公司应编制会计分录如下：

转本年利润时：

借：本年利润　　　　　　　　　　　　1000000

　　贷：利润分配——未分配利润　　　　　　　1000000

提取法定盈余公积、宣告发放现金股利时：

借：利润分配——提取法定盈余公积　　100000

　　　　　　——应付现金股利　　　　80000

　　贷：盈余公积　　　　　　　　　　　　　100000

　　　　应付股利　　　　　　　　　　　　　　　80000

同时：

借：利润分配——未分配利润　　　　　180000

　　贷：利润分配——提取法定盈余公积　　　　100000

　　　　　　　　——应付现金股利　　　　　　　80000

第十章 房地产利润与利润分配的核算

第一节 房地产利润的概述

本节关键词：

房地产利润、核算

本节内容提要：

（1）了解房地产利润的定义。

（2）了解房地产利润的意义。

（3）了解房地产利润的计算。

一、房地产利润的定义

房地产利润是指房地产企业在一定会计期间的经营成果。一般包括营业利润、营业外收入和营业外支出。

房地产企业想要确定营业，就需通过房地产的营业收入和营业成本进行配比。不过，在确定房地产经营利润和利润总和时，需将经营过程中的销售费、管理费用和财务费用以及各种附加费用减去后，才能够确认为房地产的营业利润。再由营业利润加上投资净收益、营业外支出净额、以前年度损益调整，即组成了房地产企业的利润总额。

根据重新修订并于 2007 年 1 月 1 日开始实行的《企业会计准则——基本准则》第三十九条规定：利润金额取决于收入和费用、直接计入当期利润的利得和损失金额的计量。

因此，利润包括收入减去费用后的净额、直接计入当期利润里的利得减损失后的净额等。

利得是指由房地产企业在非日常活动中所形成的、会导致所有者权益增加的、与所有者投入资本无关的经济利益的流入；损失则恰恰相反，即导致经济利益流出。

二、房地产利润的意义

在房地产会计中，利润是房地产企业在一定期间收入与成本费用互相比较的最终结果。如果房地产企业在经营期间，收入大于成本费用，证明房地产企业在经营期间盈利；如果收入小于成本费用，则是亏损。由此可见，利润成为衡量房地产企业在经营过程中是否有效获取成果以及能否继续可持续发展的重要指标。若房地产企业能够获取足够的利润，证明其有能力继续立足于房地产行业。

此外，利润不仅是房地产企业增强企业竞争力的有效资本，也有利于给员工以及投资者分配更多的利润。员工待遇好，能够调动员工工作的积极性，使房地产企业获得更好的业绩，从而获取更多的利润。

三、房地产利润的核算

房地产企业的利润一般分为营业利润、利润总额和净利润三大部分。

（1）营业利润是利润的主要组成部分，房地产企业的营业收入减去营业成本、营业税金及附加、销售费用、管理费用、财务费用后的余额。用公式表示为：

营业利润=营业收入－营业成本－营业税金及附加－销售费用－管理费用－财务费用－资产减值损失＋公允价值变动损益＋投资收益

其中：

营业收入＝主营业务收入＋其他业务收入

营业成本＝主营业务成本＋其他业务成本

（2）利润总额是指房地产企业在经营过程中扣除各种耗费金额后所剩下的盈余，其公式为：

利润总额=营业利润＋营业外收入－营业外支出

（3）净利润是指从利润总额中除去所缴纳的所得税后剩下的利润，其公式为：

净利润＝利润总额－所得税费用

第二节　房地产营业外收入与营业外支出

本节关键词：

房地产营业外收入、营业外支出、核算

本节内容提要：

（1）了解房地产营业外收入的定义。

（2）了解营业外收入的核算。

（3）了解房地产营业外支出的定义。

（4）了解房地产营业外支出的核算。

（5）了解房地产营业外支出的税法。

一、房地产营业外收入

1. 房地产营业外收入的定义

房地产营业外收入是指房地产企业自身经营过程中间接产生的所有收入，但是间接产生的收入并非由房地产自身的资金耗费所产生，更不需要房地产企业为此付出代价。简单理解，营业外收入是房地产的额外收入。

2. 房地产营业外收入的组成部分

房地产营业外收入主要包括：非流动资产处置利得、非货币性资产交换利得、出售无形资产收益、债务重组利得、企业合并损益、盘盈利得、因债权人原因确实无法支付的应付款项、政府补助、教育费附加返还款、罚款收入等。

（1）非流动资产处置利得包括固定资产处置利得和无形资产出售利得。固定资产处置利得，即处理固定资产净收益，是指房地产企业在经营活动中因出售固定资产而得到的残料价值和变价收入等，扣除固定资产的账面价值、清理费用、处置相关税费后的净收益。无形资产出售利得，指房地产企业出售无形资产所取得价款扣除出售无形资产的账面价值、出售相关税费后的净收益。

（2）非货币性资产交换利得，指在非货币性资产交换中换出资产为固定资产、无形资产的，换入资产公允价值大于换出资产账面价值的差额，扣除相关费用后计入营业外收入的金额。

（3）出售无形资产收益，指房地产企业出售无形资产时，扣除相关费用后而得到的收益。

（4）债务重组利得，指重组债务的账面价值超过清偿债务的现金、非现金资产的公允价值、所转股份的公允价值或者重组后债务账面价值间的差额。

（5）盘盈利得，指房地产对于资产进行清查盘点时，盘盈的资产经批准后计入营业外收入的金额。需要注意的是，这里提及的固定资产盘盈，主要是指房地产企业在财产清查盘点中发现的账外固定资产的估计原值减去估计折旧后的净值。

（6）因债权人原因确实无法支付的应付款项，主要是指因债权人单位变更登记或撤销等原因而无法支付的应付款项等。

（7）政府补助，指企业从政府那里无偿得到的补助。

3. 房地产营业外收入的核算

房地产企业应设置"营业外收入"科目，核算经营活动中出现的额外收入。

（1）房地产企业确认非流动资产处置利得时：

借：固定资产清理（或固定资产清理、银行存款等）

　　贷：营业外收入

（2）确认政府补助利得时：

1）与资产相关的政府补助：

借：银行存款

　　贷：递延收益

分配递延收益时：

借：递延收益

　　贷：营业外收入

2）与收益相关的政府补助：

借：银行存款

　　贷：营业外收入

3）确认现金盘盈利得时：

借：待处理财产损溢

　　贷：营业外收入

4）确认接受捐赠利得时：

借：银行存款

　　贷：营业外收入

5）期末，应将"营业外收入"科目贷方余额转入"本年利润"科目：

借：营业外收入

贷：本年利润

当房地产企业确认营业外收入时，借记"固定资产清理"、"递延收益"、"库存现金"、"待处理资产损益"、应付账款"等，贷记"营业外收入"。期末将营业外收入科目余额转入本年利润科目时，借记"营业外收入"，贷记"本年利润"。

【例1】某公司在处理固定资产时，将报废清理的净收益10000元转作营业外收入，应编制的会计分录如下：

借：固定资产清理　　　　　　　　　10000

　　贷：营业外收入　　　　　　　　　10000

二、房地产营业外支出

1. 房地产营业外支出的定义

房地产营业外支出是指与房地产企业日常经营活动没有直接关系的各项损失。它主要包括非流动资产处置损失、非货币性资产交换损失、债务重组损失、公益性捐赠支出、非常损失、盘亏损失等。

2. 房地产营业外支出的核算

房地产企业应设置"营业外支出"科目，主要用来核算房地产企业在经营期间发生的各项营业外支出。

（1）企业转让固定资产时，首先结转固定资产原值和已提累计折旧额，借记"固定资产清理"、"累计折旧"，贷记"固定资产"；其次收到双方协议价款，借记"银行存款"，贷记"固定资产清理"；最后结转清理损益，若转出价款低于固定资产账面净值，借记"营业外支出"，贷记"固定资产清理"。

（2）企业处置无形资产时，应按实际收到的金额等，借记"银行存款"等，按已计提的累计摊销，借记"累计摊销"，按应支付的相关税费及其他费用，贷记"应交税费"、"银行存款"；按其账面余额，贷记"无形资产"，按其借方差额，借记"营业外支出——处置非流动资产损失"，已计提减值准备的，还应同时结转减值准备。

（3）盘亏、毁损的资产发生的净损失，按管理权限报经批准后，借记"营业外支出"，贷记"待处理财产损溢"。

（4）期末，应将本科目余额转入"本年利润"，结转后本科目无余额。

【例2】甲公司2008年6月2日出售价值2000000元的非专利技术出售，已累计摊销20000元，未计提减值准备，出售取得价款800000元，应交税费为40000元，在不考虑其他因素的情况下，甲公司应编制会计分录如下：

借：银行存款　　　　　　　　800000
　　累计摊销　　　　　　　　200000
　　营业外支出　　　　　　　40000
　　　贷：无形资产　　　　　　　　　　2000000
　　　　　应交税费——应交营业税　　　　40000

【例3】甲公司缴纳税款滞纳金50000元，以银行存款支付，甲公司应编制会计分录如下：

借：营业外支出　　　　　　　50000
　　　贷：银行存款　　　　　　　　　　50000

【例4】甲公司2007年8月3日赞助某协会15000元。甲公司应编制会计分录如下：

借：营业外支出　　　　　　　15000
　　　贷：银行存款　　　　　　　　　　15000

3. 营业外支出的税法规定

（1）纳税人直接对受赠人的捐赠不允许税前扣除。

（2）纳税人用于公益、救济性的捐赠，在年度应纳税所得额3%以内的部分，准予税前扣除。所称公益、救济性的捐赠，是指纳税人通过中国境内非营利性的社会团体、国家机关向教育、民政等公益事业和遭受自然灾害地区、贫困地区的捐赠。所称社会团体，包括中国青少年发展基金会、希望工程基金会、宋庆龄基金会、减灾委员会、中国红十字会、中国残疾人联合会、全国老年基金会、老区促进会以及民政部门批准成立的其他非营利的公益性组织。

（3）纳税人通过非营利性的社会团体、国家机关向农村义务教育的捐赠、向老年活动场所的红十字事业的捐赠、对公益性青少年活动场所（其中，包括新建）的捐赠，纳税人向慈善机构、基金会等非营利性机构的公益、救济性捐赠，准予在缴纳企业所得税和个人所得税前全额扣除。

4. 财产损失

（1）国家税法规定可提取的准备金之外任何形式的准备金，均不得作为应纳税所得额的扣除项目。即企业计提的八项准备金，除经税务机关批准的计提不超过年末按《企业会计制度》计提基数 0.5% 的坏账准备可在税前扣除，其他不得在税前扣除。

（2）债权人发生的债务重组损失符合坏账的，报主管税务机关批准后，可以税前扣除；债务人发生的债务重组损失，不得税前扣除。

（3）出售职工住房的财产损失。企业出售职工住房的收入计入住房周转金，不计入企业的应纳税所得，因此，发生的出售职工住房的财产损失也不得税前扣除。

（4）个人所得税由企业代付的，不得在所得税前扣除。

（5）与取得收入无关的其他各项支出，如债权担保等原因承担连带责任而履行的赔偿，企业负责人的个人消费等，均属无关的支出，一律不得扣除。

第三节　房地产利润分配的核算

本节关键词：

房地产利润分配、核算

本节内容提要：

（1）了解房地产利润分配的定义。

（2）了解房地产利润的原则。

（3）了解房地产利润的核算。

一、房地产利润分配的定义

房地产利润分配，是指房地产企业根据国家相关规定而实现的净利润，在企业和投资者之间进行的分配。房地产企业本年实现的净利润加上年初未分配利润和其他转入后的余额，为可供分配的利润。在整个过程中，房地产利润分配关系到所有者的合法权益能否得到保护，房地产企业能否持续发展。

二、房地产利润分配的原则

1. 依法分配原则

房地产企业利润分配的对象是在房地产企业缴纳所得税后的净利润。国家颁布相关法律法规对房地产的利润分配做出明确规定，因此，房地产利润的分配必须依法进行。国家之所以对房地产利润分配进行明确规定，是为了规范企业的利润分配行为，以及维护各利益方的合法权益。

2. 资本保全原则

资本保全是责任有限企业形式的基础性原则之一，房地产利润分配是对资本增值额的分配，而非返还本金。资本保全的原则，是指在房地产企业不亏损或者弥补亏损的情况下，对增值的资本进行分配。

3. 分配与积累共存原则

房地产企业通过经营活动获取利润，如果想要可持续发展，则需在利润分配的基础上，不断积累企业扩大再生产的财力基础。妥善处理分配与积累共存原则，降低房地产资金运用的风险，提高房地产经营的安全性和可靠性。

4. 充分保护债权人利益原则

债权人的利益按照风险承担的顺序及其合同的规定，企业必须在利润分配之前偿清所有债权人的到期债务，否则不能进行利润分配。同时，在利润分配之后，企业还应保持一定的偿债能力，以免产生财务危机，危及企业生存。此外，企业在与债权人签订某些长期债务契约的情况下，其利润分配政策还应征得债权人的同意或审核方能执行。

5. 考虑综合利益原则

由于利润分配涉及投资者、经营者、债权人、职工等多方面的利益，因此，房地产企业应全面兼顾，尽最大努力保持合理的利润分配。

此外，房地产企业应站在长远的角度考虑，合理留用利润，让利润分配成为帮助企业扩大规模的助推器。

6. 正视投资与收益原则

房地产企业在进行利润分配时，应将"受益落实到投资者"的理念贯彻到底，并根据投资金额妥善进行利润分配。

三、房地产利润分配的顺序

利润分配的顺序根据《中华人民共和国公司法》等有关规定，企业当年实现的净利润，可以根据下列顺序进行分配：

1. 计算可供分配的利润

将本年净利润（或亏损）与年初未分配利润（或亏损）合并，从而计算出可供分配的利润。能否进行分配的利润，需按照不同情况而定，具体如下：

（1）若可供分配的利润为负数（即亏损），则无法进行后续分配。

（2）如果可供分配利润为正数（即本年累计盈利)，便可以进行后续分配。

2. 提取法定盈余公积金

提取法定盈余公积金，按照抵减年初累计亏损后本年净利润计提法定盈余公积金。

3. 提取任意盈余公积金

任意盈余公积金的计提标准由股东大会确定，如有特殊情况，经股东大会协商同意后，也可以用于分配。

4. 向股东（投资者）支付股利（分配利润）

企业以前年度未分配的利润，可以并入本年度分配。

如果公司股东会或董事会违反利润分配顺序，在弥补亏损和提取法定公积金之前向股东分配利润的，务必将违反规定发放的利润退还公司。

四、房地产利润分配的核算

房地产企业应设置"利润分配"科目，主要用来核算企业利润和历年分配后的余额。本账户年末余额，反映企业的未分配利润或者弥补亏损。此外，还需设置"提取法定盈余公积"、"提取任意盈余公积"、"应付先进股利或利润"、"专做股本的股利"、"盈余公积补亏"和"未分配利润"等明细科目。

房地产企业按规定提取法定盈余公积时，借记"利润分配——提取法定盈余公积"，贷记"盈余公积——法定盈余公积"。

房地产企业按规定提取任意盈余公积时，借记"利润分配——提取任意盈余公积"，贷记"盈余公积——任意盈余公积"。

【例1】福建某公司 2008 年实现税后利润 1000000 元，公司股东大会经协商决定按照 10%提取法定盈余公积，按照 22%提取任意盈余公积。该公司应编制的会计分录如下：

借：利润分配——提取法定盈余公积　　　　　100000

　　　　　——提取任意盈余公积　　　　　220000

　　贷：盈余公积——提取法定盈余公积　　　　　　　100000

　　　　　——提取任意盈余公积　　　　　　　　　220000

第四节　房地产本年利润与以前年度损益调整的核算

本节关键词：

房地产本年利润、以前年度损益调整、核算

本节内容提要：

（1）了解房地产本年利润的定义。

（2）了解房地产本年利润的核算。

（3）了解房地产以前年度损益调整的定义。

（4）了解房地产以前年度损益调整。

一、本年利润的定义

1. 房地产本年利润的定义

房地产本年利润是指房地产企业在一定期间的经营成果，包括净利润和净亏损。本年利润属于汇总类账户，借方主要登记房地产企业当期所发生的各项费用与支出；贷方主要登记房地产企业当期所实现的各种收入。

2. 房地产本年利润的核算

房地产企业应设置"本年利润"科目，主要用来核算房地产企业当期实现的净利润。期末，将本期发生的各项损益科目结转记入"本年利润"科目，这样就可以得到房地产企业本期实现的净利润或者发生的亏损。

（1）期末结转各项收入、利得类科目时，贷记"本年利润"，借记"主营业务收入"、"其他业务收入"、"投资收益"、"公允价值变动损益"、"营业外收入"等。用会计分录表示如下：

借：主营业务收入

其他业务收入

公允价值变动损益

投资收益

营业外收入

贷：本年利润

（2）期末结转各项费用、损失类科目时，贷记"主营业务成本"、"其他业务成本"、"营业税金及附加"、"销售费用"、"管理费用"、"财务费用"、"资产减值损失"、"营业外支出"、"所得税费用"等，借记"本年利润"。用会计分录表示如下：

借：本年利润

贷：主营业务成本

其他业务成本

营业税金及附加

销售费用

管理费用

财务费用

资产减值损失

营业外支出

（3）结转"本年利润"科目。年度终了，房地产企业应将本年收入和支出相抵后转出本年实现的净利润，转入"本年分配"科目，借记"本年利润"，贷记"利润分配"；反之，做相反的会计分录。结转后，"本年利润"科目年末无余额。用会计分录表示为：

借：本年利润

贷：利润分配——未分配利润

二、房地产以前年度损益调整

1. 房地产以前年度损益调整的定义

房地产以前年度损益调整是指房地产企业对以前年度多计或少计的重大盈亏数额进行的调整。一般情况下，房地产企业在资产负债表日至财务报告批准报出日之间发生的需要调整报告年度损益的事项。

2. 使用以前年度损益的注意事项

（1）根据《企业会计准则——应用指南》附录的规定，本科目核算企业本年度发生的调整以前年度损益的事项以及本年度发现的重要前期差错更正，涉及调整以前年度损益的事项。企业在资产负债表日至财务报告批准报出日之间发生的需要调整报告年度损益的事项，也可以通过本科目核算。

（2）以前年度损益调整的主要账务处理。

（3）期末，应将本科目的余额转入"本年利润"科目，结转后本科目无余额。

【例1】2010年10月31日，甲公司发现2009年漏记了一项固定资产的折旧费用200000元，所得税申报时也没有包括这笔费用，该公司2009年适用的所得税税率为33%，该公司按净利润的10%提取法定盈余公积金，根据以上资料，甲公司应编制会计分录如下：

（1）会计差错的分析：

2009年少提折旧费200000元，多计所得税66000元（200000×33%），多计应交税金66000元，假定税法规定允许调整应交所得税。

（2）账务处理：

补提税金时：

借：以前年度损益调整　　　　　　　　200000

　　贷：累计折旧　　　　　　　　　　　　　　200000

调整所得税时：

借：递延所得税负债　　　　　　　　66000

　　贷：以前年度损益调整　　　　　　　　　　66000

第十一章 房地产财务报告

第一节 房地产财务报告概述

本节关键词：

房地产财务报告、编制

本节内容提要：

（1）了解房地产财务报告的定义。

（2）了解房地产财务报告的构成和编制要求。

（3）了解房地产财务报告的准备工作。

编制房地产财务报告的目的在于为报告使用者提供与其工作有关的完整的、真实的会计信息，例如经营成果和现金流量等重要信息，便于财务报告使用人员对企业财务状况提供有效经营决策。

一、房地产财务报告概述

1. 房地产财务报告的定义

房地产财务报告指的是相关单位会计部门在审核会计账簿记录和有关资料后，编制出能够全面反映单位某一特定日期财务状况和某一会计期间经营成果、现金流量和所有者权益的书面文件。财务报告使用者凭借书面文件来更好地进行会计工作。房地产财务报告应当按照科学依据，以企业会计核算为前提，对相关资料进行加工、整理和审核，确保结论正确，便于财务报告者使用。

2. 房地产财务报告的重要性

房地产财务报告的目标定位决定着财务报告对会计信息质量特征的要求，财务会计报告一方面决定着会计要素的确认方法；另一方面房地产财务报告在房地产会计系统中起主导作用。

3. 房地产财务报告的意义

房地产财务报告的意义主要表现在以下四个方面：

（1）房地产财务报告，能够为使用者提供准确、有效的资料，可以加强房地产系统管理。

（2）房地产财务报告，能够为房地产管理部门提供有效信息，帮助管理人员管理房地产，确保房地产各工作部门的工作合理、顺利进行。

（3）财务数据中可能存在的错误或造假成分，可以通过财务数据进行有效识别。

（4）通过房地产财务报告，可以分析出房地产企业的利润状况，及时了解房地产企业的财务情况。

二、房地产财务报告的构成和编制要求

房地产财务报告的主要组成部分

1. 房地产财务会计报告主要包括了财务会计报表和其他应当在财务报告中披露的有关内容

（1）资产负债表，又称财务状况变动表，反映房地产企业在某一特定日期所拥有的资产、负债和权益的会计报表。

（2）利润表，又称动态报表，反映房地产企业在一定会计期间经营成果的报表，能够反映出房地产企业经营状况的好坏。利润表还称为损益表和收益表。

（3）现金流量表，综合反映房地产企业在一定会计期间现金和现金等价物的流入、流出。

（4）所有者权益（股东权益）变动表，反映房地产企业所有者权益的各个组成部门当期的增减变动情况。

（5）附注，是指对资产负债表、利润表、现金流量表和所有者权益变动表中反映的项目加以文字描述，起到补充说明的作用。

2. 房地产财务报告的编制要求

在房地产企业工作的会计人员，为了能够尽可能地提供满足企业各方面需求的财务报告，充分发挥财务报告的作用，在编制房地产财务报告时必须符合国家统一的会计制度，应遵循以下几点内容：

（1）合法、真实性。房地产财务报告各项目的数据应建立在真实可靠的基础上，企业编制和对外提供的财务报告应该符合有关法律法规的规定。应该遵循《企业财务会计报告条例》的规定，这是由国务院专门发布的规范企业财务报告的法规。房地产财务报告必须根据准确无误的会计账簿以及相关资料进行编制，禁止出现弄虚作假行为。若房地产财务报告提供的信息有误，则会导致房地产企业的财务状况、经营成果和现金流量等方面出现错误的评价，导致工作人员对房地产企业的综合情况做出错误的评估与决策。

（2）完整性。企业财务报告必须全面反映企业的生产经营情况、经营成果以及现金流量情况，以满足房地产企业各方面对财务会计信息资料的有关需求。因此，房地产企业在编制财务报告时，不能残缺不全，更不能故意隐瞒、遗漏，应当按照国家规定的格式和内容填制。

（3）及时编制，便于理解。随着市场的发展，作为会计信息载体的房地产财务报告，其所提供的会计信息必须具备很强的实效性。能够及时编制和报送使用者。无论房地产财务报告编制得多么真实、完整，如果不能及时送到使用者手里，那么再完美的房地产财务报告也会丧失其原本的价值，从而缺乏时效性。房地产财务报告在具备及时性的同时，也应便于使用者阅读，为房地产目前或潜在的投资者及债权人提供决策所需的精准会计信息。

三、房地产财务报告的准备工作

房地产财务报告的准备工作主要由全面财产清查和检查处理两个部分组成。

1. 全面财产清查工作需要遵循的原则

(1) 结算款项即债权债务，包括应收款项、应付款项、应交税费等科目是否存在，核查债务、债权单位的相应债务、债权金额是否相符。

(2) 工作人员需清查原材料、在产品、自制半成品、库存商品等各项存货的实存数量与账面数量是否一致；清查各项固定资产的实存数量与账面数量是否一致。

(3) 工作人员需检查各项投资是否真实存在，检查投资收益是否按照国家统一的会计制度规定进行确认和计量。

(4) 工作人员需审核在建工程的实际发生额与账面记录是否一致。

2. 检查处理工作包括的事项

(1) 房地产会计工作者核对各会计账簿记录与会计凭证的内容、金额等是否一致，记账方向是否正确。依照规定的结账日进行结账，结出有关会计账簿的余额和发生额，最后审核余额。

(2) 检查相关的会计核算是否符合国家统一的会计制度规定进行。

(3) 房地产会计工作者定期检查前期或者本期相关项目是否需要调整，是否存在错误和变更等情况。

第二节　现金流量表

本节关键词：

现金流量表、分类、结构

本节内容提要：

（1）了解现金流量表的含义。

（2）了解现金流量表的作用。

（3）了解现金流量表的分类。

（4）了解现金流量表的编制和结构。

一、现金流量表的含义

现金流量表是反映一定会计期间企业经营活动、投资活动和筹资活动对其现金及现金等价物流入和流出情况的报表。

现金流量表向使用报告者展现每月或每季单位资金的增减情况，便于查阅和使用。会计工作者根据现金流量表的报告，根据用途划分为经营、投资及融资三个类别。

二、现金流量表的作用

现金流量表的作用主要表现在以下几个方面：

（1）能够说明企业一定期间内现金流入和流出的原因。例如，房地产企业当期从银行借入 6000000 元，偿还银行利息 40000 元，在现金流量表的筹资活动产生的现金流量中分别反映"借款收到的现金 6000000 元"、"偿付利息支付现金 40000 元"。通过现金流量表能够清晰明了地看出资金的流向，这是现金流量表的一大优势。

（2）能够说明房地产企业的偿债能力和支付股利的能力。投资者之所以投入资金，是为了赚取利润。一般情况下，当人们关注现金流量表时，最关注的是获利情况，从现金流量表上可以了解房地产的偿债能力和支付股利的能力。

（3）能够用来分析企业未来获取现金的能力。现金流量表反映房地产企业一定期间现金的去向，可以清晰地了解到资金来源于何处，有哪些地方用到资金。

（4）满足评估房地产企业获取现金及现金等价物能力的信息。

三、现金流量表的分类

现金流量表应按照经营活动产生的现金流量、投资活动产生的现金流量、筹资活动产生的现金流量分别反映。

1. 经营活动产生的现金流量

经营活动是指企业投资活动和筹资活动以外的所有交易和事项。由此可见，经营活动所涉及的范围比较广，包括销售商品、提供劳务、购买商品、接受劳务、缴纳的税款等流入或流出的现金等。

由于行业不同，对经营活动的认定也不相同。因此，房地产工作人员应根据企业的实际情况，对现金流量进行合理归类。

2. 投资活动产生的现金流量

投资活动是指企业长期资产的购建和不包括在现金等价物范围内的投资及其处置活动。其中，长期资产是指固定资产、无形资产、在建工程、其他资产等持有期限在 1 年或 1 个营业周期以上的资产。

3. 筹资活动产生的现金流量

筹资活动是指导致企业资本及债务规模和构成发生变化的活动。这里所说的资本，包含了实收资本（股本）、资本溢价（股本溢价）；所说的债务，包含了长期借款、短期借款、发行债券以及偿还债务等。需要注意的是，应付账款、应付票据等商业应付款属于经营活动，不属于筹资活动。

四、现金流量表的编制和结构

现金流量表作为反映企业在某一时期的现金资源流动规模与原因的报表，以利润表和资产负债表数据为基础，对每一项目进行分析并编制调整分录，从而编制出现金流量表。

在编制过程中可以采用底稿法和"T"形账户法。

底稿法指以工作底稿为手段，以损益表和资产负债表的数据为基础，对每一项目进行分析并编制调整分录，从而编制出现金流量表。

采用"T"形账户法，指以"T"形账户为手段，以损益表和资产负债表数据为基础，对每一项目进行分析并编制调整分录，从而编制出现金流量表。

我国企业现金流量表采用报告式结构，分类反映企业经营活动产生的现金流量、投资活动产生的现金流量和筹资活动产生的现金流量，最后汇总反映企业在一定期间现金及现金等价物的净增加额。

我国企业现金流量表包括正表和补充资料两部分，格式如表 11-1 所示。

表 11-1　现金流量表

编制单位　　　　　　　　　　　年　月　　　　　　　　　单位：元

项　目	行　次	金　额
一、经营活动产生的现金流量		
销售商品、提供劳务收到的现金		
收到的税费返还		
收到的其他与经营活动有关的现金		
经营活动现金流入小计		
购买商品、接受劳务支付的现金		
支付给职工以及为职工支付的现金		
支付的各项税费		
支付的其他与经营活动有关的现金		
经营活动现金流出小计		
经营活动产生的现金流量净额		
二、投资活动产生的现金流量		
收回投资所收到的现金		
取得投资收益所收到的现金		
处置固定资产、无形资产和其他非流动资产而收回的现金净额		
收到的前提与投资活动有关的现金		
投资活动现金流入小计		
购建固定资产、无形资产和其他非流动资产所支付的现金		
投资所支付的现金		
支付的其他与投资活动有关的现金		
投资活动现金流出小计		

续表

项　目	行　次	金　额
投资活动产生的现金流量表净额		
三、筹资活动产生的现金流量		
吸收投资所收到的现金		
借款所收到的现金		
收到的其他与筹资活动有关的现金		
筹资活动现金流入小计		
偿还债务所支付的现金		
分配股利、利润和偿还利息所支付的现金		
支付的其他与筹资活动有关的现金		
筹资活动现金流出小计		
筹资活动产生的现金流量净额		
四、汇率变动对现金的影响额		
五、现金及现金等价物净增加额		
补充资料		
1.将净利润调节为经营活动现金流量表		
净利润		
加：资产减值准备		
固定资产折旧、油气资产折耗、生产性生物资产折旧		
无形资产摊销		
长期待摊费用摊销		
处置固定资产、无形资产和其他长期资产的损失（收益以"-"号填列）		
公允价值变动损失（收益以"-"号填列）		
财务费用（收益以"-"号填列）		
投资损失（收益以"-"号填列）		
递延所得税资产减少（增加以"-"号填列）		
递延所得税负债增加（减少以"-"号填列）		
存货的减少（增加以"-"号填列）		
经营性应收项目的减少（增加以"-"号填列）		
经营性应付项目的增加（减少以"-"号填列）		
其他		
经营活动产生的现金流量净额		
2. 不涉及现金收支的投资和筹资活动		
债务转为资本		
一年到期的可转换公司债券		
融资租入固定资产		

续表

项　目	行　次	金　额
3. 现金及现金等价物净增加情况		
现金的期末余额		
减：现金的期初余额		
加：现金等价物的期末余额		
减：现金等价物的期初余额		
现金及现金等价物净增加额		

第三节　利润表

本节关键词：

利润表、格式

本节内容提要：

（1）了解利润表的概念。

（2）了解利润表的意义。

（3）了解利润表的格式。

一、利润表的概念

利润表是反映企业一定会计期间（如月度、季度、半年度或年度）生产经营成果的会计报表。由于任何企业在经营期间不可能一直盈利，同样有可能出现亏损，所以，利润表也称损益表。它可以综合反映房地产企业在某一特定期间实现的收入、费用、成本和支出情况，盈利或亏损情况。

利润表是根据"收入－费用＝利润"的基本关系来编制的。因此，利润表的内容离不开收入、费用、利润等会计要素及其内容。利润表属于动态会计报表，是一种可以反映企业经营资金动态的报表。

二、利润表的意义

利润表把房地产企业一定会计期间的收入与同一会计期间的相关费用进行配比，计算出房地产企业一定期间的净利润（或净亏损）。通过利润表反映收入、费用等情况，能够反映房地产经营的收益和成本的耗费情况，表明企业生产经营成果。利润表还可以提供不同时期的数字，投资者全面了解房地产的财务情况，了解投入资本的真实情况。

三、利润表的作用

房地产企业之所以编制利润表，是为了将房地产在一定期间的经营成果清楚地呈现给报告使用者，帮助他们了解经营状况以及对未来的发展起到一定的评估作用。一般而言，利润表的作用表现在以下几点：

（1）通过利润表可以评估和预测房地产企业的经营成果以及未来获利能力。

（2）通过利润表可以评估房地产企业的偿债能力。

（3）通过利润表可以帮助房地产管理人员做出有效的经营决策。

（4）通过利润表可以评价和考核管理人员的绩效。

四、利润表的编制原理

房地产企业在经营业务过程中，会不断发生各种费用，收入减去费用，即为房地产的盈利。取得的收入和发生的相关费用的对比情况就是企业的经营成果。如果房地产企业经营不当，发生的生产经营费用大于收入，企业就发生了亏损；反之，生产经营费用小于收入，企业就能获取一定的利润。房地产会计部门应定期（一般按月）核算企业的经营成果，并将核算结果及时编制成报表，这就形成了利润表。

五、利润表的格式

1. 利润表的种类

利润表的格式主要分为多步式利润表和单步式利润表。其中，多步式利润表格式如表 11-2 所示。

表 11-2　多步式利润表

编制单位　　　　　　　　　　　年　月　　　　　　　　　　单位：元

项　目	本期金额	上期金额
一、营业收入		
减：营业成本		
营业税金及附加		
销售费用		
管理费用		
财务费用		
资产减值损失		
加：公允价值变动损益（损失以"-"号填列）		
投资收益（损失以"-"号填列）		
其中：对联营企业和合营企业的投资收益		
二、营业利润（亏损以"-"号填列）		
加：营业外收入		
减：营业外支出		
其中：非流动资产处置损失		
三、利润总额（亏损以"-"号填列）		
减：所得税费用		
四、净利润（净亏损以"-"号填列）		
五、每股收益		
（一）基本每股收益		
（二）稀释每股收益		

单步式利润表的格式则如表 11-3 所示。

表 11-3 单步式利润表

编制单位　　　　　　　　　　　　年　月　　　　　　　　　　单位：元

项 目	本年金额	上年金额
一、收入		
主营业收入		
其他业务收入		
投资收益		
营业外收入		
收入合计		
二、费用		
营业成本		
营业税金及附加		
营业费用		
其他业务支出		
销售费用		
管理费用		
财务费用		
营业外支出		
所得税费用		
费用合计		
三、净利润		

2. 利润表的优缺点

单步式利润表的好处是便于理解，缺点是未能提供详细的会计信息。

多步式利润表的优点是便于房地产企业全面了解经营情况，及时掌握有效信息，也有利于预测今后的盈利能力。

第十二章　会计法律制度概述

第一节　会计工作管理体系

本节关键词：

会计工作管理、规范

本节内容提要：

（1）了解会计制度的权限。

（2）了解会计工作的主管部门。

（3）了解对会计制度的管理。

（4）了解对会计人员的管理内容。

我国会计工作管理体系是指管理会计工作职责权限关系的制度，规范会计工作。其中，包括会计工作管理的制度、管理权限的划分、会计工作管理的主要内容以及会计工作管理机构设置等方面。在我国，会计工作管理体系主要包含以下四个方面。

一、会计制度的权限

划分会计制度的权限，是会计工作管理体系的重要组成部分，它包含了对会计工作的有效管理、帮助工作人员对管理机构的设置和对管理权限的合理划分。有利于约束和规范会计从业人员依法、顺利进行工作。

二、会计工作的主管部门

《中华人民共和国会计法》第七条规定:"国务院财政部门主管全国的会计工作。县级以上地方各级人民政府财政部门管理本行政区域内的会计工作。"可以看出,会计工作由财政部门主管。因此,会计工作者需严格遵循"统一领导,分级管理"的原则。

在此,需要了解的是,为什么只能由财政部门来依法管理会计工作。原因在于,自新中国成立以来,便在财政部设立了专门管理会计工作的机构。此后,财政部门积累了丰富的管理会计工作经验。至今,财政部已积累了丰富的经验,为确定税基、规范财政收支工作奠定了重要基础。

除此之外,财政部凭借日积月累的经验主管会计工作,可以促使财税工作与会计工作的有效结合,相互监督和促进,确保财税工作的顺利进行。因此,《中华人民共和国会计法》将管理会计工作的重任交与了财政部。

财政部掌管了主管会计工作的大权后,必须具备强大的责任心以及管理理念。如果财政部玩忽职守,将会造成财政收入流失和支出失控,从而造成会计秩序混乱的局面。这种行为不是简单的工作失误,而是严重的违法行为。因此,财政部要严格坚持"统一领导,分级管理"的原则,来管理会计工作。

坚持"统一领导,分级管理"的原则主要体现在以下方面:

(1)统一规划,统一领导。

(2)实行分级负责、分级管理。

(3)调动地区、部门、单位管理会计工作的积极性和创造性。

(4)做好协调、配合工作。

《中华人民共和国会计法》指出:"县级以上地方各级人民政府财政部门管理本行政区域内的会计工作。"现在需要明白的是,为什么将各地方会计工作的管理部门限定在县级以上人民政府的财政部门。原因在于,当前县级人民政府的财政机构建设逐渐健全与完善。与此同时,《中华人民共和国会计法》

赋予了财政部门对违法单位和个人的行政处罚权。为了使管理权和处罚权相结合，从而将行使行政处罚权的财政部门限定在县级以上。这样一来，对财政部门的工作起到一定的监督作用。

此外，《中华人民共和国会计法》第三十三条第一款规定："财政、审计、税务、人民银行、证券监管、保险监管等部门应当依照有关法律、行政法规规定的职责，对有关单位的会计资料实施监督检查。"通过这条规定可以看出，财政部门与其他政府管理部门在管理会计事务中要相互协作。

三、对会计制度的管理

会计制度管理是指政府管理部门按照法律、行政法规的规定，处理会计事物的管理体系。其中，包括管理会计工作、会计核算、会计监督、会计人员、会计档案等重要内容。我国在实施宏观调控的同时，必须要求各基层单位提供真实、有效的会计信息。此外，《中华人民共和国会计法》将会计制度作为法制化经济管理的一种手段，体现了国家对会计制度的重视。国家实行我国财政部颁布的统一会计制度。我国会计工作严格实行"统一领导，分级管理"体制。

因此，国务院有关部门可以依照《中华人民共和国会计法》和国家统一的会计制度制定，对会计核算和会计监督有特殊要求的行业实施国家统一的会计制度的具体办法或者补充规定，报国务院财政部门审核批准、中国人民解放军总后勤部可以依照《中华人民共和国会计法》和国家统一的会计制度制定军队实施国家统一的会计制度的具体办法，报国务院财政部门备案。

我国会计制度的管理内容应该全面包含会计工作人员应具备的基本专业技能。因此，凡是设在中国境内的单位，都必须执行国家统一的会计制度，我国现行国家统一的会计制度主要包括以下内容：

（1）会计凭证的种类和格式以及编制、传递、审核、整理、汇总的方法和程序。

（2）会计科目的编号、名称及其核算内容；账簿的组织和记账方法。

（3）记账程序和记账规则。

（4）学会电子计算在会计中的应用，会计档案的保管和销毁办法。

（5）会计机构的组织；会计工作岗位的职责等。

（6）依法遵循会计工作管理制度，例如会计档案管理制度、代理记账管理制度、会计电算化管理制度等。

（7）会计工作人员应遵循会计核算制度，包括企业会计准则、行业会计制度、股份有限公司会计制度、事业单位会计准则及会计制度、行政单位会计制度等。

四、对会计人员的管理内容

中国式社会主义市场经济国家中公有制占据的比重非常大。因此，做好会计工作对维护社会主义市场经济秩序有一定的影响力。这就要求国家各基层单位、各部门在实施会计工作时，懂得为国家的宏观调控服务。由于会计工作对维护社会主义市场秩序具有特殊意义，所以，我国会计工作管理体系在明确会计工作主管部门、制定会计制度、划分会计制度权限的同时，加强对会计工作人员的管理内容，从而建立会计工作管理体系，维护社会主义经济秩序的和谐。

新中国成立以来，国家非常重视会计人员的培养和管理。从《中华人民共和国会计法》中可以看出，各单位想要维护良好的社会主义经济秩序，至少要做到以下几点内容：

（1）实行会计从业管理制度。

（2）保护会计人员的合法权益。

（3）明确会计机构负责人的地位。

（4）实行会计继续教育制度。

第二节 会计核算与会计监督

本节关键词：

会计核算、会计监督

本节内容提要：

（1）了解会计核算的规定。

（2）了解会计核算的内容。

（3）了解会计监督的规定。

（4）了解会计监督的特征。

会计核算又称会计反映，以货币为主要计量尺度，反映会计主体的资金运动。

会计核算主要是指对会计主体在经营周期内已经发生或者已经完成的经济活动的具体情况进行核算。

会计工作中一个十分重要的环节是合理地进行会计核算。这就要求会计工作人员在做好本职工作的同时，提高会计的工作效率、准确率。从而展现出会计核算的优势，为更多会计信息使用者提供重要方向。

一、会计核算

1. 会计核算的有关规定

《中华人民共和国会计法》第九条规定：各单位必须根据实际发生的经济业务事项进行会计核算，填制会计凭证，登记会计账簿，编制财务会计报告。任何单位不得以虚假的经济业务事项或者资料进行会计核算。

《企业会计准则——基本准则》第五条规定：企业应当对其本身发生的交易或者事项进行会计确认、计量和报告。

2. 会计核算的一般要求

（1）依法建账。《中华人民共和国会计法》第三条规定：各单位必须依法设置会计账簿，并保证其真实、完整。

《中华人民共和国会计法》第三十六条规定：不具备设置条件的，应当委托经批准设立从事会计代理记账业务的中介机构代理记账。

（2）根据实际发生的经济业务进行会计核算。由于会计核算具有真实性，所以，会计核算应建立在实际发生的经济业务的基础上进行核算。其具体要求体现在以下几点：

1）会计核算必须以实际发生的经济业务事项为依据。

2）在进行会计核算期间，不得以虚假的经济业务事项或资料进行会计核算。

3）必须严格按照《中华人民共和国会计法》和国家统一的会计制度进行核算。

（3）保证会计资料的真实和完整。会计资料主要是指会计凭证、会计账簿、财务会计报告等会计核算专业资料，这些资料是会计核算的重要成果。这些成果不仅有利于投资者做出投资决策，也有利于经营者进行经营管理，更是我国进行宏观调控的重要依据。

所以，《中华人民共和国会计法》和《会计基础工作规范》纷纷明确规定，会计资料的内容和要求必须符合国家统一的会计制度，保证会计资料的真实性和完整性；不得伪造、变造会计凭证和会计账簿及其他会计资料；不得提供虚假的财务会计报告。

会计资料的真实性，是指会计信息所反映的内容和结果必须符合其单位经济业务。会计资料的完整性，是指组成会计资料的各方面内容必须齐全、具备完整性，能够全面记录和反映经纪业务的真实情况。便于会计资料使用者查阅会计信息，处理经济业务。因此，会计资料的真实性和完整性是提供会计资料最基本的原则。各单位需将提供真实有效、完整的资料放在工作首位。

不可否认，会计资料中不乏不真实、不完整的会计信息。造成会计资料的不真实、不完整的原因之一，即伪造、变造会计资料以及提供虚假的财务报告。

伪造会计凭证、会计账簿及其他会计资料，是指不按要求记账，以虚假的经济业务事项为前提编造虚假会计凭证、会计账簿和其他会计资料，目的在于以假乱真，从而扭曲经济业务的真实性。

提供虚假财务报告，是指在违背相关法律法规的情况下，私自编造虚假的会计凭证、会计账簿及其他会计资料或直接篡改财务会计报告的数据，从而造成财务会计报告虚假、缺乏完整性，不能有效反映经济业务的真实财务状况以及经营成果。

针对以上情况，《中华人民共和国会计法》对伪造、变造会计资料和提供虚假财务会计报告等弄虚作假行为，做出了禁止性规定。

（4）采用正确的会计处理方法。会计处理方法，通常是指为了更好地进行会计核算而采用的一系列高效的方法。把会计处理方法加以分类，主要包括：收入确认方法、企业所得税的会计处理方法、存货计价方法、资产减值准备的核算方法、固定资产折旧方法、编制合并会计报表的方法、外币折算的会计处理方法等。

《中华人民共和国会计法》第十八条规定："各单位采用的会计处理方法，前后各期应当一致，不得随意变更；确有必要变更的应当按照国家统一的会计制度的规定变更，并将变更的原因、情况及影响在财务报告中说明。"通过规定可以看出，会计资料使用者应及时了解会计信息的变更情况，采用正确的会计处理方法。

（5）正确使用会计记录文字。会计记录文字，是指工作人员在进行会计核算时，使用文字能够将本单位所发生的经济业务清晰明了地呈现出来，便于会计资料使用者运用。

根据《中华人民共和国会计法》规定："会计记录的文字应当使用中文；在民族自治地方会计记录可以同时使用当地通用的一种民族文字；在中国境内的外商投资企业、外国企业和其他外国组织的会计记录可以同时使用一种外国文字。"使用会计记录文字是为了能够正确地进行会计核算和表述会计记录，因此，必须规范会计记录的文字。

（6）会计核算的具体内容。做好会计核算是对会计工作者最基本的要求，房地产会计更不例外。房地产会计核算必须遵守《中华人民共和国会计法》和有关财务制度的规定，在符合有关会计准则和会计制度的前提下，为单位提供真实有效、完整的会计资料。因此，《中华人民共和国会计法》对于会计核算的内容做出了明确规定：

1）款项和有价证券的收付。

2）财物的收发、增减和使用。

3）债权债务的发生和结算。

4）基金的增减和经费的收支。

5）收入、费用、成本的计算。

6）财务成果的计算和处理。

7）其他需要办理会计手续、进行会计核算的事项。

二、会 计 监 督

会计监督，是指单位内部的会计机构和会计人员，按照依法成立的社会审计中介组织，对单位经济业务实施综合监督。

1. 会计监督的分类

会计监督大致可以分为三部分，即会计内部监督、社会监督和政府监督。

（1）内部监督。会计内部监督是指内部会计机构以及所有会计工作者对单位的会计工作依法实施有效监督，确保会计资料能够真实地反映经济业务以及经营成果。为了很好地实施内部会计监督，工作人员应遵循内部会计监督制度。《中华人民共和国会计法》对单位内部会计监督制度的基本内容和要求做出了明确规定，包括的主要内容有：不相容职务相互分离控制；授权批准控制；会计系统控制；预算控制；财产保全控制；风险控制；内部报告控制；电子信息技术控制。

因此，在实施内部会计监督过程中，会计机构、会计人员的责任十分重大，其作用不容忽视。

（2）社会监督。社会监督，主要是指社会中介机构，如会计师事务所和注册会计师依法对委托单位的经济活动进行审计，在此期间，委托单位需要提供真实的会计资料。

《中华人民共和国会计法》规定，任何单位和个人对违反《中华人民共和国会计法》和国家统一的会计制度规定的行为，有权检举。由此可见，《中华人民共和国会计法》赋予了社会公众检查的监督权利，但并未规定其必须履行监督义务。

（3）政府监督。政府监督主要是指政府部门代表国家对各单位和单位中相关人员的会计行为，对主管事物相应事项负责监督的过程。在我国，政府监督已成为一个固定的概念，属于外部监督，且与单位内部会计机构、会计人员实行的会计监督相辅相成。

《中华人民共和国会计法》第三十三条规定："财政、审计、税务、人民银行、证券监管、保险监督等部门应当依照有关法律、行政法规规定的职责，对有关单位的会计资料实施监督检查。"第三十二条规定："财政部门对各单位的下列情况实施监督：一是依法设置会计账簿；二是会计凭证、会计账簿、财务会计报告和其他会计资料是否真实完整；三是会计核算是否符合本法和国家统一的会计制度的规定；四是从事会计工作的人员是否具备从业资格。"可见，政府监督的职责十分重大。

2. 会计监督的特征

会计监督的特征主要表现在以下几个方面：

（1）会计监督必须是建立在会计核算的基础上进行的有效实施。

（2）会计监督可以分为事后监督、事中监督和事前监督，对会计主体实施全面监督。

（3）会计监督具有合法性、合理性、综合性、及时性以及双重性，促使经济活动达到预期目的。

第三节 会计机构与会计人员

本节关键词：

会计机构、会计人员

本节内容提要：

（1）了解会计机构的含义。

（2）了解设置会计机构的注意事项。

（3）了解会计人员的含义。

（4）了解会计人员的职业道德。

（5）了解会计人员的权限。

任何单位应当根据自身的业务需要设置会计机构，假如不具备设置会计机构条件的单位，可以不设置会计机构，但必须匹配专业的会计人员。在设置会计机构与配置会计人员时，各单位必须严格按照会计相关法律法规进行设置。

一、会计机构

会计机构是指根据单位实际情况而设置的、综合办理会计事项的机构。会计机构是各单位办理会计事务的职能部门。它的主要功能是组织一批具有专业水平的会计工作人员，处理会计事宜，将会计职能的作用发挥到极致。

《中华人民共和国会计法》第三十六条明确规定："各单位应当根据会计业务的需要，设置会计机构，或者在有关机构中设置会计人员并指定会计主管人员；不具备条件设置的，应当委托经批准设立从事会计代理记账业务的中介机构代理记账。"

那么，设置会计机构时需要注意以下几点内容。

1. 单位会计机构的设置

为了顺利、合理地开展会计工作，为了确保单位能正常地进行业务核算，各单位可以根据自身业务所需设置会计机构，在设置单位机构时，应考虑以下几个因素：

（1）根据单位经营规模的大小而设置。

（2）根据单位自身业务情况而设置。

（3）经营管理的需求。

通常，不同类型的单位设置会计机构的情况也不尽相同。一般而言，经营规模较大、财务收支数额较大、业务数量较大的单位应设置会计机构。反之，规模较小、业务和人员较少的单位，在不影响处理经济业务的情况下，可以不单独设置会计机构，而将会计业务并入其他机构或委托中介机构代理记账。无论是设置会计机构，还是委托中介机构代理记账，都必须有专业会计工作人员介入。此外，一个单位经营管理对质量要求的程度往往与会计信息成正比，单位对经营管理的要求越高，对会计信息需求量越大；反之，则越少。

2. 会计机构负责人的任职资格

会计机构负责人是指在一个单位内全面负责会计工作的中层领导人员，会计机构负责人在会计工作中发挥的作用非常大。一般而言，在一个单位内部，不论是设置会计机构还是在有关机构中设置会计人员，都需要专门的会计负责人全面负责会计工作。在设置会计机构的情况下，该负责人为会计机构负责人。

会计机构负责人是会计单位的核心部分，是单位会计工作的行政领导，负责人不仅能够承担起组织下属人员独立进行会计核算的责任，更能够承担起监督会计工作的重任，确保会计工作顺利、合理、真实而有序地进行。因此，《中华人民共和国会计法》规定，担任单位会计机构负责人的，除取得会计从业资格证书外，还应当具备会计师以上专业技术职务资格或者从事会计工作 3 年以上。

3. 以经济业务需要为前提

《中华人民共和国会计法》第二十一条和《内部会计控制规范》第六条都规定，是否单独设置会计机构由各单位根据自身会计业务的需要自主决定。如果单位机构经济业务多、财务收支量大，则需单独设置会计机构，便于及时、全面处理单位的经济业务，从而保证会计工作的效率和会计信息的质量。

4. 采用回避制度

回避制度是指单位站在公正的立场上，防止影响公正执法的事情发生，而制定的实行职务回避制度，目的在于减少因亲情、血缘关系而发生的作弊行为。

《会计基础工作规范》第十六条规定，国家机关、国有企业、事业单位任用会计人员应当实行回避制度。单位领导人的直系亲属不得担任本单位的会计机构负责人、会计主管人员。会计机构负责人、会计主管人员的直系亲属不得在本单位会计机构担任出纳工作。需要回避的直系亲属为：夫妻关系、直系血亲关系、三代以内旁系血亲以及配偶亲关系。

5. 明确设置会计机构的任务

(1) 有效地进行会计核算和会计监督。

(2) 会计机构制定本单位所需的会计制度，以及相关政策等。

(3) 依法参与本单位的各种财务计划的制定。

所有会计人员都要各司其职，将会计工作做到位。

二、会 计 人 员

1. 会计人员的含义

会计人员是指依法从事会计工作的专职人员。在我国，会计人员按职权可以划分为：

(1) 总会计师。

(2) 会计机构负责人。

(3) 会计主管人员。

（4）一般会计。

按照专业技术职务可以划分为：

（1）初级会计师。

（2）中级会计师。

（3）高级会计师。

无论哪个级别的会计人员都应具备必要的专业知识，会计工作是一项专业性很强的工作。《中华人民共和国会计法》第三十八条规定，会计工作人员必须取得会计从业资格证书。未取得相关证书以及未达到岗位要求者禁止从事该职位。

2. 会计人员的职责与权限

会计人员的职责包括以下几点内容：

（1）进行会计核算和会计监督。

（2）拟订本单位办理会计事务的具体办法。

（3）参与拟订经济计划、业务计划，考核、分析预算、财务计划的执行情况。

（4）处理其他会计事宜。

会计人员的权限包括以下几点内容：

（1）有权参与单位编制计划、制定定额以及签订经济合同等事项。

（2）有权要求本单位其他工作人员依法遵守国家财务会计制度。

（3）有权监督、检查本单位有关部门的财务收支以及资金的利用情况，掌握资金流动情况。

（4）有权审核原收益凭证，处理账实不符、违法收支、造假行为等事项。《中华人民共和国会计法》第十四条规定：会计人员"对不真实、不合法的原始凭证有权不予以接受，并向单位负责人报告；对记载不准确、不完整的原始凭证予以退回，并要求按照国家统一的会计制度的规定更正补充。"

3. 会计人员的职业道德

（1）敬业爱岗。即会计人员需在热爱本职工作的前提下，认真工作，满足工作需求。

（2）熟悉财经法律、法规。即会计人员应当熟悉财经法律、法规和国家统一的会计制度，才能成为一名具有良好职业素养的会计工作者。

（3）依法办事。即会计人员应当按照会计法律、法规、规章规定的程序和要求进行会计工作，禁止弄虚作假，理应实事求是。《中华人民共和国会计法》第五条规定："任何单位或者个人不得以任何方式授意、指使、强令会计机构、会计人员伪造、变造会计凭证、会计账簿和其他会计资料，提供虚假会计报告。"

（4）保守秘密。即会计人员应当保守本单位的商业秘密。未经法律规定和单位领导人同意，禁止私自向外界提供或者泄露单位的会计信息，妥善保管会计资料。

会计机构和会计人员在工作中应遵循《中华人民共和国会计法》的规定，依法行事，做好单位的会计工作。

附　录

根据《国务院关于〈企业财务通则〉、〈企业会计准则〉的批复》（国函〔1992〕178号）的规定，财政部对《企业会计准则》财政部令第5号进行了修订，修订后的《企业会计准则——基本准则》已经部务会议讨论通过，现予公布，自2007年1月1日起施行。

企业会计准则——基本准则

第一章　总　则

第一条　为了规范企业会计确认、计量和报告行为，保证会计信息质量，根据《中华人民共和国会计法》和其他有关法律、行政法规，制定本准则。

第二条　本准则适用于在中华人民共和国境内设立的企业（包括公司，下同）。

第三条　企业会计准则包括基本准则和具体准则，具体准则的制定应当遵循本准则。

第四条　企业应当编制财务会计报告（又称财务报告，下同）。财务会计报告的目标是向财务会计报告使用者提供与企业财务状况、经营成果和现金流量等有关的会计信息，反映企业管理层受托责任履行情况，有助于财务会计报告使用者作出经济决策，财务会计报告使用者包括投资者、债权人、政府及其有关部门和社会公众等。

第五条 企业应当对其本身发生的交易或者事项进行会计确认、计量和报告。

第六条 企业会计确认、计量和报告应当以持续经营为前提。

第七条 企业应当划分会计期间，分期结算账目和编制财务会计报告。会计期间分为年度和中期。中期是指短于一个完整的会计年度的报告期间。

第八条 企业会计应当以货币计量。

第九条 企业应当以权责发生制为基础进行会计确认、计量和报告。

第十条 企业应当按照交易或者事项的经济特征确定会计要素。会计要素包括资产、负债、所有者权益、收入、费用和利润。

第十一条 企业应当采用借贷记账法记账。

第二章 会计信息质量要求

第十二条 企业应当以实际发生的交易或者事项为依据进行会计确认、计量和报告，如实反映符合确认和计量要求的各项会计要素及其他相关信息，保证会计信息真实可靠、内容完整。

第十三条 企业提供的会计信息应当与财务会计报告使用者的经济决策需要相关，有助于财务会计报告使用者对企业过去、现在或者未来的情况做出评价或者预测。

第十四条 企业提供的会计信息应当清晰明了，便于财务会计报告使用者理解和使用。

第十五条 企业提供的会计信息应当具有可比性。

同一企业不同时期发生的相同或者相似的交易或者事项，应当采用一致的会计政策，不得随意变更。确需变更的，应当在附注中说明。

不同企业发生的相同或者相似的交易或者事项，应当采用规定的会计政策，确保会计信息口径一致、相互可比。

第十六条 企业应当按照交易或者事项的经济实质进行会计确认、计量和报告，不应仅以交易或者事项的法律形式为依据。

第十七条 企业提供的会计信息应当反映与企业财务状况、经营成果和现金流量等有关的所有重要交易或者事项。

第十八条 企业对交易或者事项进行会计确认、计量和报告应当保持应有的谨慎，不应高估资产或者收益、低估负债或者费用。

第十九条 企业对于已经发生的交易或者事项，应当及时进行会计确认、计量和报告，不得提前或者延后。

第三章 资 产

第二十条 资产是指企业过去的交易或者事项形成的、由企业拥有或者控制的、预期会给企业带来经济利益的资源。

前款所指的企业过去的交易或者事项包括购买、生产、建造行为或其他交易或者事项。预期在未来发生的交易或者事项不形成资产。

由企业拥有或者控制，是指企业享有某项资源的所有权，或者虽然不享有某项资源的所有权，但该资源能被企业所控制。

预期会给企业带来经济利益，是指直接或者间接导致现金和现金等价物流入企业的潜力。

第二十一条 符合本准则第二十条规定的资产定义的资源，在同时满足以下条件时，确认为资产：

（一）与该资源有关的经济利益很可能流入企业；

（二）该资源的成本或者价值能够可靠地计量。

第二十二条 符合资产定义和资产确认条件的项目，应当列入资产负债表；符合资产定义，但不符合资产确认条件的项目，不应当列入资产负债表。

第四章 负 债

第二十三条 负债是指企业过去的交易或者事项形成的、预期会导致经济利益流出企业的现时义务。

现时义务是指企业在现行条件下已承担的义务。未来发生的交易或者事项形成的义务，不属于现时义务，不应当确认为负债。

第二十四条　符合本准则第二十三条规定的负债定义的义务，在同时满足以下条件时，确认为负债：

（一）与该义务有关的经济利益很可能流出企业；

（二）未来流出的经济利益的金额能够可靠地计量。

第二十五条　符合负债定义和负债确认条件的项目，应当列入资产负债表；符合负债定义，但不符合负债确认条件的项目，不应当列入资产负债表。

第五章　所有者权益

第二十六条　所有者权益是指企业资产扣除负债后由所有者享有的剩余权益。

公司的所有者权益又称为股东权益。

第二十七条　所有者权益的来源包括所有者投入的资本、直接计入所有者权益的利得和损失、留存收益等。

直接计入所有者权益的利得和损失，是指不应计入当期损益、会导致所有者权益发生增减变动的、与所有者投入资本或者向所有者分配利润无关的利得或者损失。

利得是指由企业非日常活动所形成的、会导致所有者权益增加的、与所有者投入资本无关的经济利益的流入。

损失是指由企业非日常活动所发生的、会导致所有者权益减少的、与向所有者分配利润无关的经济利益的流出。

第二十八条　所有者权益金额取决于资产和负债的计量。

第二十九条　所有者权益项目应当列入资产负债表。

第六章　收　入

第三十条　收入是指企业在日常活动中形成的、会导致所有者权益增加的、与所有者投入资本无关的经济利益的总流入。

第三十一条　收入只有在经济利益很可能流入从而导致企业资产增加或者负债减少，且经济利益的流入额能够可靠计量时才能予以确认。

第三十二条 符合收入定义和收入确认条件的项目，应当列入利润表。

第七章 费 用

第三十三条 费用是指企业在日常活动中发生的、会导致所有者权益减少的、与向所有者分配利润无关的经济利益的总流出。

第三十四条 费用只有在经济利益很可能流出从而导致企业资产减少或者负债增加，且经济利益的流出额能够可靠计量时才能予以确认。

第三十五条 企业为生产产品、提供劳务等发生的可归属于产品成本、劳务成本等的费用，应当在确认产品销售收入、劳务收入等时，将已销售产品、已提供劳务的成本等计入当期损益。

企业发生的支出不产生经济利益的，或者即使能够产生经济利益但不符合或者不再符合资产确认条件的，应当在发生时确认为费用，计入当期损益。

企业发生的交易或者事项导致其承担了一项负债而又不确认为一项资产的，应当在发生时确认为费用，计入当期损益。

第三十六条 符合费用定义和费用确认条件的项目，应当列入利润表。

第八章 利 润

第三十七条 利润是指企业在一定会计期间的经营成果，利润包括收入减去费用后的净额、直接计入当期利润的利得和损失等。

第三十八条 直接计入当期利润的利得和损失，是指应当计入当期损益、会导致所有者权益发生增减变动的、与所有者投入资本或者向所有者分配利润无关的利得或者损失。

第三十九条 利润金额取决于收入和费用、直接计入当期利润的利得和损失金额的计量。

第四十条 利润项目应当列入利润表。

第九章 会计计量

第四十一条 企业在将符合确认条件的会计要素登记入账并列报于会计

报表及其附注（又称财务报表，下同）时，应当按照规定的会计计量属性进行计量，确定其金额。

第四十二条 会计计量属性主要包括：

（一）历史成本。在历史成本计量下，资产按照购置时支付的现金或者现金等价物的金额，或者按照购置资产时所付出的对价的公允价值计量。负债按照因承担现时义务而实际收到的款项或者资产的金额，或者承担现时义务的合同金额，或者按照日常活动中为偿还负债预期需要支付的现金或者现金等价物的金额计量。

（二）重置成本。在重置成本计量下，资产按照现在购买相同或者相似资产所需支付的现金或者现金等价物的金额计量。负债按照现在偿付该项债务所需支付的现金或者现金等价物的金额计量。

（三）可变现净值。在可变现净值计量下，资产按照其正常对外销售所能收到现金或者现金等价物的金额扣减该资产至完工时估计将要发生的成本、估计的销售费用以及相关税费后的金额计量。

（四）现值。在现值计量下，资产按照预计从其持续使用和最终处置中所产生的未来净现金流入量的折现金额计量。负债按照预计期限内需要偿还的未来净现金流出量的折现金额计量。

（五）公允价值。在公允价值计量下，资产和负债按照在公平交易中，熟悉情况的交易双方自愿进行资产交换或者债务清偿的金额计量。

第四十三条 企业在对会计要素进行计量时，一般应当采用历史成本，采用重置成本、可变现净值、现值、公允价值计量的，应当保证所确定的会计要素金额能够取得并可靠计量。

第十章 财务会计报告

第四十四条 财务会计报告是指企业对外提供的反映企业某一特定日期的财务状况和某一会计期间的经营成果、现金流量等会计信息的文件。

财务会计报告包括会计报表及其附注和其他应当在财务会计报告中披露的相关信息和资料。会计报表至少应当包括资产负债、利润表、现金流量表等报表。

小企业编制的会计报表可以不包括现金流量表。

第四十五条 资产负债表是指反映企业在某一特定日期的财务状况的会计报表。

第四十六条 利润表是指反映企业在一定会计期间的经营成果的会计报表。

第四十七条 现金流量表是指反映企业在一定会计期间的现金和现金等价物流入和流出的会计报表。

第四十八条 附注是指对在会计报表中列示项目所作的进一步说明，以及对未能在这些报表中列示项目的说明等。

第十一章 附 则

第四十九条 本准则由财政部负责解释。

第五十条 本准则自 2007 年 1 月 1 日起施行。

国家税务总局关于印发《房地产开发经营业务企业所得税处理办法》的通知

各省、自治区、直辖市和计划单列市国家税务局、处方税务局：

为了增强从事房地产开发经营企业的企业所得税征收管理，规范从事房地产开发经营业务企业的纳税行动，依据《中华人民共和国企业所得税法》及其实行条例、《中华人民共和国税收征收管理法》及具实施细则等有关税收法律、行政法规的规定，联合房地产开发经营业务的特色，国家税务总局制订了《房地产开发经营业务企业所得税处理办法》，现印发给你们，请遵照执行。

房地产开发经营业务企业所得税处理办法

第一章 总 则

第一条 根据《中华人民共和国企业所得税法》及其实行条例、《中华人民共和国税收征收管理法》及其实行细则等有关税收法律、行政法规的规定，制订本办法。

第二条 本方法适用于中国境内从事房地产开发经营业务的企业（以下简称企业）。

第三条 企业房地产开发经营业务包括土地的开发，建造、销售住宅、贸易用房以及其他建筑物、附着物、配套设施等开发产品。除土地开发之外，其他开发产品符合下列条件之一的，应视为已经完工：

（一）开发产品竣工证实资料已报房地产管理部门备案。

（二）开发产品已开始投入使用。

（三）开发产品已取得了初始产权证实。

第四条 企业出现《中华人民共和国税收征收管理法》第三十五条规定的情形，税务机关可对其以往应缴的企业所得税按核定征收方式进行征收治理，并逐步规范，同时按《中华人民共和国税收征收管理法》等税收法律、行政法规的规定进行处理，但不得事先确定企业的所得税按核定征收方式进行征收、管理。

第二章 收入的税务处理

第五条 开发产品销售收入的范围为销售开发产品过程中取得的全部价款，包括现金、现金等价物及其他经济利益。企业代有关部门、单位和企业收取的各种基金、费用和附加等，凡纳入开发产品价内或由企业开具发票的，应按规定全部确认为销售收入；未纳入开发产品价内并由企业之外的其他收取部门、单位开具发票的，可作为代收代缴款项进行管理。

第六条 企业通过正式签署《房地产销售合同》或《房地产预售合同》所取得的收入，应确认为销售收入的实现，具体按以下规定确认：

（一）采取一次性全额收款方式销售开发产品的，应于实际收讫价款或取得索取价款凭据（权利）之日，确认收入的实现。

（二）采取分期收款方式销售开发产品的，应按销售合同或协议约定的价款和付款日确认收入的实现。付款方提前付款的，在实际付款日确认收入的实现。

（三）采取银行按揭方式销售开发产品的，应按销售合同或协议约定的价款确定收入额，其首付款应于实际收到日确认收入的实现，余款在银行按揭贷款办理转账之日确认收入的实现。

（四）采取委托方式销售开发产品的，应按以下原则确认收入的实现：

（1）采取支付手续费方式委托销售开发产品的，应按销售合同或协议中约定的价款于收到受托方已销开发产品清单之日确认收入的实现。

（2）采用视同买断方式委托销售开发产品的，属于企业与购买方签订销售合同或协议，或企业、受托方、购买方三方共同签订销售合同或协议的，如果销售合同或协议中约定的价格高于买断价格，则应按销售合同或协议中约定的价格计算的价款于收到受托方已销开发产品清单之日确认收入的实现；假如属于前两种情形中销售合同或协议中约定的价格低于买断价钱，以及属于受托方与购买方签署销售合同或协议的，则应按买断价格计算的价款于收到受托方已销开发产品清单之日确认收入的实现。

（3）采取基价（保底价）并实超基价双方分成方式委托销售开发产品的，属于由企业与购买方签订销售合同或协议，或企业、受托方、购买方三方共同签署销售合同或协议的，如果销售合同或协议中约定的价格高于基价，则应按销售合同或协议中约定的价格计算的价款于收到受托方已销开发产品清单之日确认收入的实现，企业按规定支付受托方的分成额，不得直接从销售收入中减除；假如销售合同或协议约定的价钱低于基价的，则应按基价计算的价款于收到受托方已销开发产品清单之日确认收入的实现。属于由受托方与购买方直接签订销售合同的，则应按基价加上按规定取得的分成额于收到受托方已销开发产品清单之日确认收入的实现。

（4）采用包销方法委托销售开发产品的，包销期内可依据包销合同的有关约定，参照上述（1）~（3）项规定确认收入的实现；包销期满后尚未出售的开发产品，企业应依据包销合同或协议约定的价款和付款方式确认收入的实现。

第七条　企业将开发产品用于捐赠、赞助、职工福利、奖励、对外投资、分配给股东或投资人、抵偿债务、换取其他企事业单位和个人的非货币性资产等行动，应视同销售，于开发产品所有权或使用权时转移，或于实际取得利益权利时确认收入（或利润）的实现。确认收入（或利润）的办法和顺序为：

（一）按本企业近期或本年度最近月份同类开发产品市场销售价格确定。

（二）由主管税务机关参照当地同类开发产品市场公允价值确定。

（三）按开发产品的成本利润率确定。开发产品的成本利润率不得低于15%，具体比例由主管税务机关确定。

第八条　企业销售未完工开发产品的计税毛利率由各省、自治区、直辖市国家税务局、地方税务局按下列规定进行确定：

（一）开发项目位于省、自治区、直辖市和计划单列市人民政府所在地城市城区和郊区的，不得低于15%。

（二）开发项目位于地及地级市城区及郊区的，不得低于10%。

（三）开发项目位于其他地区的，不得低于5%。

（四）属于经济适用房、限价房和危改房的，不得低于3%。

第九条　企业销售未完工开发产品取得的收入，应先按预计计税毛利率分季（或月）计算出预计毛利额，计入当期应纳税所得额。开发产品完工后，企业应及时结算其计税成本并计算此前销售收入的实际毛利额，同时将其实际毛利额与其对应的预计毛利额之间的差额，计入当年度企业本项目与其他项目合并计算的应纳税所得额。

在年度纳税申报时，企业须出具对该项开发产品实际毛利额与预计毛利额之间差异调整情形的报告以及税务机关需要的其他相关材料。

第十条 企业新建的开发产品在尚未完工或办理房地产初始登记、取得产权证前，与承租人签订租赁预约协议的，自开发产品交付承租人使用之日起，出租方取得的预租价款按租金确认收入的实现。

第三章 成本、费用扣除的税务处理

第十一条 企业在进行成本、费用的核算与扣除时，必须按规定区分期间费用和开发产品计税成本、已销开发产品计税成本与未销开发产品计税成本。

第十二条 企业产生的期间费用、已销开发产品计税成本、营业税金及附加、土地增值税准予当期按规定扣除。

第十三条 开发产品计税成本的核算应按第四章的规定进行处理。

第十四条 已销开发产品的计税成本，按当期已实现销售的可售面积和可售面积单位工程成本确认，可售面积单位工程成本和已销开发产品的计税成本按下列公式计算确定：

可售面积单位工程成本＝成本对象总成本÷成本对象总可售面积

已销开发产品的计税成本＝已实现销售的可售面积×可售面积单位工程成本

第十五条 企业对尚未出售的已完工开发产品和依照有关法律、法规或合同规定对已售开发产品（包含共用部位、共用设施装备）进行日常维护、保养、修理等实际发生的维修费用，准予在当期据实扣除。

第十六条 企业将已计入销售收入的共用部位、共用设施装备维修基金按规定移交给有关部门、单位的，应于移交时扣除。

第十七条 企业在开发区内建造的会所、物业管理场所、电站、热力站、水厂、文体场馆、幼儿园等配套设施，按以下规定进行处理：

（一）属于非营利性且产权属于全部业主的，或无偿赠与地方政府、公用事业单位的，可将其视为公共配套设施，其建造费用按公共配套设施费的有关规定进行处理。

（二）属于营利性的，或产权归企业所有的，或未明确产权归属的，或无偿赠与地方政府、公用事业单位以外其他单位的，应该单独核算其成本。除企业自用应按建造固定资产进行处理外，其他一律按建造开发产品进行处理。

第十八条 企业在开发区内建造的邮电通信、学校、医疗设施应单独核算成本，其中，由企业与国家有关业务管理部门、单位合资建设，完工后有偿移交的，国家有关业务管理部门、单位给予的经济补偿可直接抵扣该项目的建造成本，抵扣后的差额应调整当期应纳税所得额。

第十九条 企业采取银行按揭方式销售开发产品的，凡约定企业为购买方的按揭贷款提供担保的，其销售开发产品时向银行提供的保证金（担保金）不得从销售收入中减除，也不得作为费用在当期税前扣除，但实际发生损失时可据实扣除。

第二十条 企业委托境外机构销售开发产品的，其支付境外机构的销售费用（含佣金或手续费）不超过委托销售收入10%的部分，准予据实扣除。

第二十一条 企业的利息支出按以下规定进行处理：

（一）企业为建造开发产品借入资金而发生的符合税收规定的借款费用，可按企业会计准则的规定进行归集和分配，其中属于财务费用性质的借款费用，可直接在税前扣除。

（二）企业团体或其成员企业统一向金融机构借款分摊集团内部其他成员企业使用的，借入方凡能出具从金融机构取得借款的证明文件，可以在使用借款的企业间合理地分摊利息费用，使用借款的企业分摊的合理利息准予在税前扣除。

第二十二条 企业因国家无偿收回土地使用权而形成的损失，可作为财产损失按有关规定在税前扣除。

第二十三条 企业开发产品（以成本对象为计量单位）整体报废或毁损，其净损失按有关规定审核确认后准予在税前扣除。

第二十四条 企业开发产品转为自用的，其实际使用时间累计未超过12个月又销售的，不得在税前扣除折旧费用。

第四章　计税成本的核算

第二十五条　计税成本是指企业在开发、建造开发产品（包括固定资产，下同）过程中所发生的按照税收规定进行核算与计量的应归入某项成本对象的各项费用。

第二十六条　成本对象是指为归集和分配开发产品开发、建造过程中的各项耗费而肯定的费用承担项目。计税成本对象的确定原则如下：

（一）可否销售原则。开发产品能够对外经营销售的，应作为独立的计税成本对象进行成本核算；不能对外经营销售的，可先作为过渡性成本对象进行归集，然后再将其相关成本摊入能够对外经营销售的成本对象。

（二）分类归集原则。对同一开发地点、竣工时间相近、产品构造类型没有明显差异的群体开发的项目，可作为一个成本对象进行核算。

（三）功能区分原则。开发项目某组成部分相对独立，且具有不同使用功能时，可以作为独立的成本对象进行核算。

（四）定价差异原则。开发产品因其产品类型或功效不同等而导致其预期售价存在较大差别的，应分别作为成本对象进行核算。

（五）成本差异原则。开发产品因建筑上存在明显差异可能导致其建造成本出现较大差异的，要分别作为成本对象进行核算。

（六）权益区分原则。开发项目属于受托代建的或多方合作开发的，应结合上述原则分别划分成本对象进行核算。

成本对象由企业在开工之前合理确定，并报主管税务机关备案。成本对象一经确定，不能随意更改或相互混淆，如确需转变成本对象的，应征得主管税务机关同意。

第二十七条　开发产品计税成本支出的内容如下：

（一）土地征用费及拆迁补偿费。指为取得土地开发使用权（或开发权）而发生的各项费用，主要包括土地买价或出让金、大市政配套费、契税、耕地占用税、土地使用费、土地闲置费、土地变更用途和超面积补交的地价及相关税费、拆迁补偿支出、安置及动迁支出、回迁房建造支出、农作物补偿费、危房补偿费等。

（二）前期工程费。指项目开发前期发生的水文地质勘探、测绘、规划、设计、可行性研究、筹建、场地通平等前期费用。

（三）建筑安装工程费。指开发项目开发过程中发生的各项建筑安装费用。主要包括开发项目建筑工程费和开发项目安装工程费等。

（四）基础设施建设费。指开发项目在开发过程中所发生的各项基本设施支出，主要包括开发项目内道路、供水、供电、供气、排污、排洪、通信、照明等社区管网工程费和环境卫生、园林绿化等园林环境工程费。

（五）公共配套设施费。指开发项目内发生的、独立的、非营利性的，且产权属于全部业主的，或无偿赠与地方政府、政府公用事业单位的公共配套设施支出。

（六）开发间接费。指企业为直接组织和管理开发项目所发生的，且不能将其归属于特定成本对象的成本费用性支出。主要包括管理人员工资、职工福利费、折旧费、修理费、办公费、水电费、劳动保护费、工程管理费、周转房摊销以及项目营销设施建造费等。

第二十八条　企业计税成本核算的一般程序如下：

（一）对当期实际发生的各项支出，按其性质、经济用途及发生的地点、时间区进行整理、归类，并将其区分为应计入成本对象的成本和应在当期税前扣除的期间费用。同时还应按规定对有关预提费用和待摊费用进行计量与确认。

（二）对应计入成本对象中的各项实际支出、预提费用、待摊费用等合理的划分为直接成本、间接成本和共同成本，并按规定将其合理地归集、分配至已完工成本对象、在建成本对象和未建成本对象。

（三）对期前已完工成本对象应负担的成本费用按已销开发产品、未销开发产品和固定资产进行分配，其中应由已销开发产品负担的部分，在当期纳税申报时进行扣除，未销开发产品应负担的成本费用待实际销售时再予扣除。

（四）对本期已完工成本对象分类为开发产品和固定资产并对其计税成本进行结算。其中属于开发产品的，应按可售面积计算其单位工程成本，据此再计算已销开发产品计税成本和未销开发产品计税成本。对本期已销开发产品的计税成本，准予在当期扣除，未销开发产品计税成本待其实际销售时再予扣除。

（五）对本期未完工和尚未建造的成本对象应该负担的成本费用，应分别建立明细台账，待开发产品完工后再予结算。

第二十九条 企业开发、建造的开发产品应按制造成本法进行计量与核算。其中，应计入开发产品成本中的费用属于直接成本和能够分清成本对象的间接成本，直接计入成本对象，共同成本和不能分清负担对象的间接成本，应按受益的原则和配比的原则分配至各成本对象，具体分配方法可按以下规定选择其一：

（一）占地面积法。指按已动工开发成本对象占地面积占开发用地总面积的比例进行分配。

（1）一次性开发的，按某一成本对象占地面积占全部成本对象占地总面积的比例进行分配。

（2）分期开发的，先按本期全体成本对象占地面积占开发用地总面积的比例进行分配，然后再按某一成本对象占地面积占期内全部成本对象占地总面积的比例进行分配。

期内全部成本对象应负担的占地面积为期内开发用地占地面积减除应由各期成本对象共同负担的占地面积。

（二）建筑面积法。指按已动工开发成本对象建筑面积占开发用地总建筑面积的比例进行分配。

（1）一次性开发的，按某一成本对象建筑面积占全部成本对象建筑面积的比例进行分配。

（2）分期开发的，先定期内成本对象建筑面积占开发用地计划建筑面积的比例进行分配，然后再按某一成本对象建筑面积占期内成本对象总建筑面积的比例进行分配。

（三）直接成本法。指按期内某一成本对象的直接开发成本占期内全体成本对象直接开发成本的比例进行分配。

（四）预算造价法。指按期内某一成本对象预算造价占期内全体成本对象预算造价的比例进行分配。

第三十条 企业下列成本应按以下方法进行分配：

（一）土地成本，一般按占地面积法进行分配。如确需结合其他方法进行分配的，应经商税务机关同意。

土地开发同时联结房地产开发的，属于一次性取得土地分期开发房地产的情形，其土地开发成本经商税务机关同意后可先按土地整体预算成本进行分配，待土地整体开发完毕再行调整。

（二）单独作为过渡性成本对象核算的公共配套设施开发成本，应按建筑面积法进行分配。

（三）借款费用属于不同成本对象共同负担的，按直接成本法或按预算造价法进行分配。

（四）其他成本项目标分配法由企业自行确定。

第三十一条 企业以非货币交易方式取得土地使用权的，应按下列规定确定其成本：

（一）企业、单位以换取开发产品为目的，将土地使用权投资企业的，按下列规定进行处理：

（1）换取的开发产品如为该项土地开发、建造的，接受投资的企业在接收土地使用权时暂不确认其成本，待首次分出开发产品时，再按应分出开发产品（包括首次分出的和以后应分出的）的市场公允价值和土地使用权转移过程中应支付的相关税费计算确认该项土地使用权的成本。如涉及补价，土地使用权的取得成本还应加上应支付的补价款或减除应收到的补价款。

（2）换取的开发产品如为其他土地开发、建造的，接受投资的企业在投资交易发生时，按应付出开发产品市场公允价值和土地使用权转移过程中应支付的相关税费计算确认该项土地使用权的成本。如涉及补价，土地使用权的取得成本还应加上应支付的补价款或减除应收到的补价款。

（二）企业、单位以股权的形式，将土地使用权投资企业的，接受投资的企业应在投资交易发生时，按该项土地使用权的市场公允价值和土地使用权转移过程中应支付的相关税费计算确认该项土地使用权的取得成本。如涉及补价，土地使用权的取得成本还应加上应支付的补价款或减除应收到的补价款。

第三十二条 除以下几项预提（应付）费用外，计税成本均应为实际发生的成本。

（一）出包工程未最终办理结算而未取得全额发票的，在证明材料充分的条件下，其发票不足金额可以预提，但最高不得超过合同总金额的10%。

（二）公共配套设施尚未建造或尚未完工的，可按预算造价合理预提建造费用。此类公共配套设施必须符合已在售房合同、协议或广告、模型中明确承诺建造且不可撤销，或依照法律法规规定必须配套建造的条件。

（三）应向政府上缴但尚未上缴的报批报建费用、物业完善费用可以按规定预提。物业完善费用是指按规定应由企业承担的物业管理基金、公建维修基金或其他专项基金。

第三十三条 企业单独建造的停车场所，应作为成本对象单独核算。利用地下基础设施形成的停车场所，作为公共配套设施进行处理。

第三十四条 企业在结算计税成本时其实际发生的支出应当取得但未取得合法凭据的，不得计入计税成本，待实际取得合法凭据时，再按规定计入计税成本。

第三十五条 开发产品完工以后，企业可在完工年度企业所得税汇算清缴前选择确定计税成本核算的终止日，不得滞后。凡已完工开发产品在完工年度未按规定结算计税成本，主管税务机关有权确定或核定其计税成本，据此进行纳税调整，并按《中华人民共和国税收征收管理法》的有关规定对其进行处理。

第五章　特定事项的税务处理

第三十六条 企业以本企业为主体联合其他企业、单位、个人合作或合资开发房地产项目，且该项目未成立独立法人公司的，按下列规定进行处理：

（一）凡开发合同或协议中约定向投资各方（即合作、合资方，下同）分配开发产品的，企业在首次分配开发产品时，如该项目已经结算计税成本，其应分配给投资方开发产品的计税成本与其投资额之间的差额计入当期应纳税所得额；如未结算计税成本，则将投资方的投资额视同销售收入进行相关的税务处理。

（二）凡开发合同或协议中约定分配项目利润的，应按以下规定进行处理：

（1）企业应将该项目形成的营业利润额并入当期应纳税所得额统一申报缴纳企业所得税，不得在税前分配该项目的利润。同时不能因接受投资方投资额而在成本中摊销或在税前扣除相关的利息支出。

（2）投资方取得该项目的营业利润应视同股息、红利进行相关的税务处理。

第三十七条　企业以换取开发产品为目的，将土地使用权投资其他企业房地产开发项目的，按以下规定进行处理：

企业应在首次取得开发产品时，将其分解为转让土地使用权和购入开发产品两项经济业务进行所得税处理，并按应从该项目取得的开发产品（包括首次取得的和以后应取得的）的市场公允价值计算确认土地使用权转让所得或损失。

第六章　附　　则

第三十八条　从事房地产开发经营业务的外商投资企业在 2007 年 12 月 31 日前存有销售未完工开发产品取得的收入，至该项开发产品完工后，一律按本方法第九条规定的方法进行税务处理。

第三十九条　本通知自 2008 年 1 月 1 日起执行。

参考文献

［1］吕德勇，韩俊梅.商业银行会计学［M］.北京：中国金融出版社，2003.

［2］中华人民共和国财政部.企业会计准则2006［M］.北京：经济科学出版社，2006.

［3］中国会计学会.人力资源会计专题［M］.北京：中国财政经济出版社，1999.

［4］王卫东.现代商业银行全面风险管理［M］.北京：中国经济出版社，2001.

［5］常勋.财务会计四大难题［M］.上海：立信会计出版社，2008.

［6］陆陵，赵选民.企业会计制度讲解及并轨操作指南［M］.北京：中国审计出版社，2001.

［7］邓春华.财务会计风险防范［M］.北京：中国财政经济出版社，2001.

［8］刁永京.房地产企业会计实务培训一本通［M］.北京：中国经济出版社，2013.

［9］郭鹏.房地产开发企业会计实务操作手册［M］.北京：经济科学出版社，2012.

［10］冯浩.成本会计理论与实务［M］.北京：清华大学出版社，2007.

［11］王玉红.房地产开发企业会计［M］.大连：东北财经大学出版社，2005.

图书在版编目（CIP）数据

如何做好房地产会计/邱晓林著. —北京：经济管理出版社，2015.11
ISBN 978-7-5096-3997-9

Ⅰ.①如… Ⅱ.①邱… Ⅲ.①房地产企业—会计 Ⅳ.①F293.33

中国版本图书馆 CIP 数据核字（2015）第 251569 号

组稿编辑：勇　生
责任编辑：勇　生　丁慧敏
责任印制：黄章平
责任校对：车立佳

出版发行：经济管理出版社
　　　　　（北京市海淀区北蜂窝 8 号中雅大厦 A 座 11 层　100038）
网　　址：www.E-mp.com.cn
电　　话：（010）51915602
印　　刷：三河市延风印装有限公司
经　　销：新华书店
开　　本：720mm×1000mm/16
印　　张：12.75
字　　数：188 千字
版　　次：2016 年 1 月第 1 版　　2016 年 1 月第 1 次印刷
书　　号：ISBN 978-7-5096-3997-9
定　　价：38.00 元